26 avril 1858

Kaieman

Dessins

Yd¹
26 Avril 1858

CATALOGUE

DE LA BELLE ET RICHE COLLECTION

DE DESSINS ANCIENS

DES MAITRES

ITALIENS, ALLEMANDS, FLAMANDS, HOLLANDAIS, ESPAGNOLS
ET FRANÇAIS

DE FEU M. D. KAÏEMAN,

Conseiller à la Cour d'appel et membre du Conseil communal
de Bruxelles.

LA VENTE AURA LIEU

LE LUNDI 26 AVRIL ET JOURS SUIVANTS,

A une heure de relevée,

EN L'HOTEL DES COMMISSAIRES-PRISEURS,

Rue Drouot, 5, salle n° 3, au 1er étage.

Par le ministère de M° DELBERGUE-CORMONT,

Commissaire-Priseur, 8, rue de Provence.

Exposition publique, le Dimanche 25 Avril 1858,

DE 1 HEURE A 5 HEURES.

CONDITIONS DE LA VENTE :

Au comptant. — 5 pour cent en sus des enchères.

Quelques articles, composés de plusieurs dessins sur la même feuille, seront divisés.

ORDRE DES VACATIONS.

Le Lundi 26 Avril.

École Italienne,	N°ˢ 1 à 75
— Allemande,	520 à 544
— Flamande,	585 à 599 — 629 à 638 — 648 à 672
— Hollandaise,	836 à 879
— Espagnole,	1135 à 1144
— Française,	1182 à 1200

Le Mardi 27 Avril.

École Italienne,	N°ˢ 76 à 151
— Flamande,	600 à 608 — 638 à 647 — 673 à 727
— Hollandaise,	880 à 929
— Française,	1201 à 1225

Le Mercredi 28 Avril.

École Italienne,	N°ˢ 152 à 226
— Allemande,	545 à 564
— Flamande,	609 à 618, 728 à 767
— Hollandaise,	930 à 978
— Française,	1226 à 1250

Le Jeudi 29 Avril.

École Italienne,	N°ˢ 227 à 301
— Flamande,	619 à 628, 768 à 807
— Hollandaise,	979 à 1028
— Espagnole,	1145 à 1154
— Française,	1251 à 1300

Le Vendredi 30 Avril.

École Italienne,	N°ˢ 302 à 406
— Allemande,	565 à 584
— Flamande,	808 à 835
— Hollandaise,	1029 à 1078
— Française,	1165 à 1176 — 1301 à 1348

Le Samedi 1ᵉʳ Mai.

École Italienne,	N°ˢ 407 à 519
— Hollandaise,	1079 à 1134
— Espagnole,	1154 à 1164
— Française,	1177 à 1181 — 1349 à 1371

CATALOGUE

DE LA BELLE ET RICHE COLLECTION

DE

DESSINS ANCIENS

DES MAITRES

ITALIENS, ALLEMANDS, FLAMANDS, HOLLANDAIS,
ESPAGNOLS ET FRANÇAIS

DE FEU M. D. KAÏEMAN

Conseiller à la Cour d'appel et membre du Conseil communal
de Bruxelles ;

PRÉCÉDÉ D'UNE NOTICE

EXPLIQUANT LES MARQUES OU MONOGRAMMES DES COLLECTIONS CÉLÈBRES
QU'ON RETROUVE PARMI CES DESSINS.

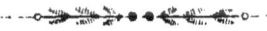

PARIS

CHEZ B. BLAISOT, MARCHAND D'ESTAMPES,

178, Rue de Rivoli.

1858

Le présent Catalogue se distribue :

à Londres.........	Chez M. D. COLNAGHI et Cⁱᵉ.
	— M. EVANS.
Amsterdam....	— MM. BUFFA Frères.
Berlin.........	— M. A. MEYER.
Francfort s/M.	— M. JOSEPH BAER.
Leipsick.......	— M. R. WEIGEL.
Liége..........	— M. CH. VAN MARCKE.
Mannheim.....	— MM. ARTARIA et FONTAINE.
Munich........	— M. MONTMORILLON.
Rotterdam.....	— M. LAMME.
Vienne.........	— MM. ARTARIA et Cⁱᵉ.
Paris..........	— M. B. BLAISOT.

La collection de Dessins anciens que possédait M. le conseiller D. Kaïéman est bien connue de MM. les amateurs.

Toutes les personnes qu'il a admises à la visiter, avec cette courtoisie d'homme du monde qu'on s'est plu à lui reconnaître, ont su en apprécier le mérite et l'importance.

Nous sommes donc dispensé d'en faire ici l'éloge.

Cette collection se compose d'environ quatorze cents dessins, réunis avec savoir, avec intelligence et au prix de grands sacrifices pendant trente années consécutives.

Il nous suffira de mentionner que

    l'École Italienne y compte 519 dessins ;
    l'École Allemande,   65 ;
    l'École Flamande,   250 ;
    l'École Hollandaise,   300 ;
    l'École Espagnole,   30 ;
    l'École Française,   207.

Nous pensons qu'aucune autre collection ne saurait offrir un choix aussi important et aussi varié, ni exciter un plus vif attrait de curiosité.

CATALOGUE

DE LA BELLE ET RICHE COLLECTION

DE DESSINS ANCIENS

DES MAITRES

ITALIENS, ALLEMANDS, FLAMANDS, HOLLANDAIS, ESPAGNOLS
ET FRANÇAIS

DE FEU M. D. KAÏEMAN,

Conseiller à la Cour d'appel et membre du Conseil communal
de Bruxelles.

ÉCOLE ITALIENNE.

1 ANTONELLO DE MESSINE. Sujet de la Passion de Jésus-Christ. — A la plume, un peu lavé au bistre. Dessin précieux et rare.

2 FRANCESCO PESELLI PESELLO. Sujet de légende : saint Antoine de Padoue, prêchant devant le cadavre d'un boulanger, apprend à son auditoire que ce boulanger avait une bourse d'or à la place du cœur. — Lavé à l'indigo, relevé de blanc au pinceau.

3 PIETRO DELLA FRANCESCA. L'Incrédulité de saint Thomas. — A la plume, lavé d'encre de Chine.

4 MASACCIO. Plusieurs personnages en contemplation. — A la plume, légèrement lavé à l'encre de Chine.

5 ANTONIO POLLAIOLO. Allégorie sur la mort. — Dessin à la plume, légèrement ombré.

6   BERNARDO PARENTANO, ALTOBELLO et PIETRO DI COSIMO. Trois dessins sur une feuille. — Sujets différents, différemment traités.

7   AMBROSIO LORENZETTI, élève de Giotto. La Vierge avec l'enfant, accompagnée de deux autres personnages. — A la plume, légèrement ombré à l'encre, sur fond teinté de rouge.

8   RAPHAEL DEL GARBO. Le Christ, garrotté, amené par les bourreaux devant Pilate. — A la plume, lavé de bistre, sur papier bistré.

9   FRANCESCO GRANACCI. Un prêtre à genoux devant Notre-Seigneur, qui paraît lui présenter le costume d'un nouvel ordre; avec plusieurs figures. — A la plume, lavé au bistre, relevé de blanc, sur papier bistré.

10 GIULIANO BUGIARDINI. Plusieurs figures dans des attitudes diverses. — A la plume; et au verso, un autre dessin traité de la même manière.

11 PIETRO PERUGINO. Un saint à genoux, en prière. — Dessin lavé au pinceau, retouché et relevé d'un peu de blanc.

12 TORREGIANO. Un saint avec un enfant. — Etude de sculpteur, à la plume, légèrement lavée de bistre.

13 GIO. BATISTA CIMA. La mort de la Vierge. — Dessin à la plume, lavé à l'encre de Chine.

14 FRED. FIORI et BERN. PINTURRICCHIO. Deux dessins sur une feuille. — Sujets différents. — A la plume et lavés de bistre.

15 BENVENUTO TISIO (GAROFFALO). Deux saints élevant un calice. — A la pierre d'Italie, lavé de bistre, relevé de blanc, sur papier grisâtre.

16 BAGNACAVALLO. Evêques et cardinaux. — A la plume et au lavis.

17 MARIOTTO-ALBERTINELLI. Le peuple d'Israël apportant des présents à l'enfant Jésus, porté dans les bras de sainte Anne. — A la plume, sur papier rougeâtre.

18 ROSSO. Allégorie pour plafond, entourée d'anges, de fruits et de fleurs. — Arrêtée à la plume et lavée de bistre. — Collection Crozat.

19 JACOPO CARUCCI (dit le *Pontorme*). Beau dessin à la plume, spirituellement maniée. — Collection de sir Josué Reynolds.

20 JULES ROMAIN. Sujet pour une frise. — A la plume, la plus hardie et la plus savante.

21 FRED. BAROCCIO. Descente de croix. — Six figures au crayon rouge.

22 DOMENICO BOLONESE. Nymphes au bain. — A la plume et bistré.

23 MICHEL-ANGE BUONAROTTI. Assomption de la Vierge. — A la pierre d'Italie, lavé de bistre, sur papier bistré.

24 MATURINO DE FLORENCE. Sujet de l'histoire romaine. — A la plume et lavé de bistre.

25 RAPHAEL MOTTA. La Femme adultère prosternée devant Notre-Seigneur, entouré d'une multitude de spectateurs. — Dessin à la plume et lavé de bistre.

26 AND. SACCHI. Très bon dessin, arrêté au pinceau et lavé de bistre.

27 F. G. PENNI. Allégorie. — Dessin au pinceau, lavé de sanguine et relevé de blanc.

28 PERINO DEL VAGA. Sujet allégorique.

29 TOTO DEL NUNZIATA. Un Supplice. — Dessin à la plume, lavé de bistre et d'encre de Chine.

30 JACOPO PONTORMO. Sujet mythologique. — Au crayon rouge.

31 ANDREA DEL SARTO. Figure en pied, drapée. — A la pierre d'Italie, ombrée à la craie noire.

32 *Idem*. Deux thuriféraires. — Au crayon rouge.

33 BACCIO BANDINELLI. Un homme nu, avec une écuelle en main. — A la plume et au bistre.

34 D. PASSIGNANI, BEN. GAROFFALO et JÉROME RUGGIERI. Trois dessins sur une feuille. — Très précieux; différemment traités.

35 DONATO CRETI. Le Baptême de Jésus-Christ par saint Jean. — A la plume. — Collections du comte de Fries et Mariette.

36 ANG. ALLORI (dit le *Bronzin*). Le Jugement dernier. — Dessin enrichi d'une multitude de figures, lavé à l'indigo et relevé de blanc.

37 BENVENUTO CELLINI. Deux dessins sur une feuille, modèles de ciselure. — Belles compositions à la plume.

38 GUIDO RENI. Beau dessin au crayon rouge.

39 RAPHAEL SANZIO. La Résurrection et l'Ascension de Notre-Seigneur. — Dessin au pinceau, lavé d'encre de Chine, sur fond rougeâtre, d'une conservation parfaite. — Ce dessin a appartenu à Ploos Van Amstel, et a été annoté par lui.

40 ANNIBAL CARRACHE. Le Triomphe d'Amphitrite, entourée d'amours, de nymphes et de tritons. — Dessin au pinceau, bistré et un peu relevé de blanc. — Il a été gravé.

41 RAPHAEL SANZIO. Apparition de saint Paul et de saint Pierre à Attila. — Dessin légèrement lavé d'encre de Chine et teinté de rouge. — Sujet gravé. — Au verso, un autre dessin.

42 GIOVANNI MANOZZI. Apollon et Midas. — Au crayon rouge. — Collection Mariette.

43 GUIDO RENI et PAUL DE MATEIS. Trois dessins sur une feuille, dont deux du premier, au crayon rouge, — et une Adoration.

44 F. PARMEGIANINO. Caïn tuant son frère Abel. — Dessin à la plume et au bistre.

45 PAUL VÉRONÈSE. Une Adoration des Mages. — Riche composition à la plume, lavée d'encre de Chine et rehaussée de blanc.

46 CÉSAR NEBBIA. Plusieurs personnages recevant la bénédiction d'un évêque. — Dessin à la plume. — Collections du comte de Fries et de Mariette.

47 JÉROME MUTIEN. Deux beaux dessins sur une feuille. — A la plume, lavés d'encre de Chine et relevés de blanc, sur papier gris bleuâtre.

48 ANNIBAL CARRACHE. Paysage avec figures. — Magistralement traité à la plume.

49 AUG. CARRACHE. Grand et beau paysage savamment traité; sur le devant, Notre-Seigneur avec les deux pèlerins d'Emmaüs. — A la plume et lavé d'encre.

50 GUIDO RENI. — Joli paysage. — A la plume, relevé de bistre.

51 DOMENICO ZAMPIERI (dit le *Dominiquin*). Joli paysage; sur le devant, deux figures mythologiques. — A la plume la plus savante.

52 GRIMALDI. Paysage avec figures. — A la plume.

53 PH. NAPOLITAIN. Combat de cavaliers sur un pont; dans le fond, un paysage et un fort. — A la plume, largement traité et lavé de bistre.

54 LATTANZIO GAMBARO. Étude de femme drapée. — Au bistre.

55 ANDREA MANTEGNA. Une Bataille. — Frise à la plume et un peu bistrée.

56 FRANC. TORBIDO (dit *del Moro*). Une Circoncision. — Dessin enrichi d'une grande quantité de personnages. — A la pierre noire, un peu lavé, sur papier gris.

57 GIROLAMO DANTE. Bon dessin. — A la plume, lavé de bistre et relevé de blanc.

58 TIZIANO VECELLI. Fête vénitienne. — A la plume et fortement lavé au bistre.

59 *Idem*. Saint Jérôme dans le désert; sa physionomie exprime la frayeur. — Dessin au crayon rouge.

60 LE GIORGIONE. Un homme effrayé, poursuivi par deux autres personnages. — Dessin précieux, savamment lavé à l'encre de Chine.

61 JEAN BELLIN. Une adoration. — Riche composition à la plume et au lavis de bistre.

62 PARMEGIANINO. La Sainte Vierge avec l'enfant Jésus, sainte Thérèse et saint Jean. — Lavé au bistre et à l'encre de Chine.

63 F. SOLIMÈNE. La Vierge avec l'enfant Jésus. — Dessin à la plume, lavé de bistre. — Collection Mariette.

64 — Sujet pour un plafond. — Lavé à l'encre de Chine et terminé à la plume. — Collection Mariette.

65 BEN. CASTIGLIONE. Une Adoration. — Riche composition; première pensée de son tableau exécuté pour l'église Saint-Luc, à Gênes. — Lavé de bistre et autres teintes. — Collection Mariette.

66 FRANCESCO SALVIATI. Une assemblée de guerriers dans un palais. — A la plume, magistralement maniée, et légèrement ombré à l'encre de Chine.

67 LORENZO SABADINI. Allégorie sur la papauté. — A la plume et lavé au bistre. — Collection Villenave.

68 RUGGIERI-RUGGIERO. Un Évangéliste. — Dessin à la plume, bistré et relevé de blanc.

69 BATISTA ZELOTTI. Sainte Anne recevant l'enfant Jésus des mains d'un apôtre placé sur les gradins de l'autel; nombreuses figures. — A la plume et au bistre.

70 JACOPO LIGOZZI. Un évangéliste assis. — Dessin au bistre, relevé d'or.

71 PH. ALLORI (dit *le Bronzin*). Un Pape; à sa droite et à sa gauche sont deux figures. — Dessin à la plume, lavé de bistre sur papier gris. — Collection Crozat.

72 FÉLIX RICCIO. Abraham avec l'ange. — Dessin lavé d'encre de Chine et de sanguine sur papier à fond rougeâtre.

73 JACOBO LAURO. Plusieurs personnages devant une balustrade. — Dessin à la plume et lavé d'encre de Chine, relevé de blanc.

74 DOMENICO CRESTI. Notre-Seigneur portant sa croix. — Dessin à la pierre d'Italie, relevé de blanc au pinceau. — Coll. Mariette.

75 FRANC. ZUCCARELLI. Grand et beau dessin représentant des figures de toute espèce et des animaux. — Au pinceau, lavé d'encre de Chine et relevé de blanc.

76 CHRISTOFANO RONCALI (dit le Pomerance). Une Ascension de Notre-Seigneur. — Un cortége de chanteurs. — Deux dessins sur une feuille. — Coll. Mariette et Denon.

77 GIOVANNI MANOZZI. Beau dessin à la plume et au bistre.

78 SANTO PERANDA. Figure d'homme nu. — Étude à la sanguine.

79 VALERIO CORTI. Le Christ portant sa croix. — Grande et riche composition. — Au pinceau et à la plume, lavé d'encre et relevé de blanc.

80 BERN. PINTURRICHIO. Figure assise. — Étude à la sanguine, sur fond rouge.

81 FRANC. ALBANI. Une figure de femme nue en pied, et une autre drapée. — Deux dessins sur une feuille, au crayon rouge.

82 SASSO-FERRATO. Une Adoration. — Dessin à la plume, lavé d'encre de Chine, sur papier gris.

83 GIO. FRANC. PENNI (dit Il Fattore). Psyché transportée sur une montagne. — Maquette d'après Raphaël.

84 FRANC. ALBANI. Saint Jean l'évangéliste. — Très beau dessin lavé au bistre.

85 AND. SCHIAVONE. La Foi, l'Espérance et la Charité. — Dessin à la plume et lavé d'encre.

86 ANT. VASILACCHI. Vierge debout dans une gloire d'anges. — A la plume et au bistre.

87 PAUL FARINATI. Un Pape s'affaissant dans les bras de deux hommes; — au fond, un paysage. — A la plume, sur papier bistré, relevé de blanc.

88 J.-B. PAGGI. Joseph amené devant les marchands israélites. — Plume et lavis d'encre.

89 LAZARO FAVARONE. Le Christ entouré d'anges, déposé dans le linceul par les saintes femmes. — Dessin au pinceau, lavé d'encre et relevé de blanc.

90 PIETRO DE PIETRI. Une Assomption. — Dessin à la plume, lavé d'encre de Chine et relevé de blanc, sur papier gris. — Coll. Mariette.

91 GIROLAMO MARCHESI. La Cène. — Dessin à la plume, fortement arrêté et lavé de bistre, sur fond bistré.

92 TINTORETTO. Le fractionnement du pain. — Composition enrichie de plusieurs figures. — Dessin à la plume, lavé d'encre et relevé de blanc.

93 BONIFACE BEMBO. Bon dessin à la plume et au lavis, relevé de blanc.

94 AND. LOCATELLI. Paysage avec figures et fabriques dans le fond. — A la plume.

95 TIZIANO VECELLI. Joli paysage; au fond, une rivière sur laquelle on voit une petite barque montée par deux hommes. — A la plume et au bistre.

96 BENEDETTE CASTIGLIONE. Composition de plusieurs figures, traitée de main de maître. — Lavée au bistre avec teintes diverses.

97 ANT. CANALETTI. Vues de bâtiments avec figures. — Deux dessins à la plume sur une feuille; lavés d'encre de Chine.

98 OTTAVIO VIVIANI. Vue d'une place publique entourée d'édifices somptueux. — Dessin à la plume et légèrement lavé à l'encre de Chine.

99 SALVATOR ROSA. Paysage avec figures. — A la pierre d'Italie et lavé d'encre.

100 LOUIS CARRACHE. Paysage avec figures. — A la plume et lavé de bistre.

101 GUERCHIN. Loth enivré par ses filles. — Dessin d'une plume fine et légère, lavé au bistre. — Collection Mariette.

102 J.-P. PANNINI et DOM. BRANDI. Trois dessins sur une feuille. — Deux du premier, à la plume et au bistre; l'autre représente un bombardement de fort; lavé en couleurs.

103 LE CAV. d'ARPINO (dit le *Josepin*). Belle et grande composition, très finie au pinceau. — A l'huile, faisant tableau.

104 BART. MANFREDI. Soldats occupés à boire, tandis qu'une diseuse de bonne aventure regarde dans la main de l'un d'entre eux; un paysage dans le fond. — Lavé d'encre noire et rouge au pinceau, et relevé de blanc.

105 JACOPO TINTORETTO. Une école. — Plusieurs enfants viennent réciter leur leçon auprès du maître. — Dessin au pinceau et au lavis de bistre.

106 GIO.-BATTISTA FRANCO. Figure à la plume, délicatement lavée d'après Michel-Ange Buonarotti. — Collection Crozat.

107 PAUL VÉRONÈSE. Trois belles études de figures drapées sur une feuille. — Au crayon rouge.

108 *Idem*. Jolie composition à la plume et au pinceau, lavée de bistre.

109 FELIPPO LIPPI. Tentation de Saint Antoine. — Dessin arrêté à la plume, fortement bistré et relevé d'or.

110 FRA BARTOLOMEO, de Saint-Marc. Figure assise et drapée. — Dessin à la pierre d'Italie et estompé, sur papier à fond jaunâtre.

111 MICHEL-ANGE BUONAROTTI. Les quatre évangélistes. — Plume large et hardie, sur papier jaunâtre.

112 *Idem.* D'après l'antique. — Plume très fine sur fond jaunâtre.

113 JACOPO TINTORETTO. Beau dessin, arrêté à la plume, lavé de bistre brun, sur fond de même teinte, et rehaussé de blanc.

114 BOTICELLI. Un jeune homme conduit par deux anges. — Plume et bistre.

115 GUIDO RENI. Un moine debout, lisant dans un livre. — Dessin à la pierre d'Italie, sur fond gris. — Collection Richardson.

116 RAPHAEL SANZIO. Deux petits anges voltigeant. — A la plume, légèrement lavé d'encre. — Dessin précieux.

117 P. DE CORTONE. Une Assomption. — Riche composition, à la plume et lavée d'encre de Chine, sur fond jaunâtre.

118 JULES ROMAIN. Le Christ au pied de la colonne, prêchant au peuple. — Au pinceau, bistré et relevé de blanc.

119 ANT. et LOUIS CARRACHE. Deux sujets de sculpture et d'ornement, à la plume et au bistre. — Collection Mariette.

120 MATHIA PRETI (dit *le Calabrèse*). Une belle étude de figure drapée. — Dessin à la sanguine. — Collections de Mariette, du comte de Fries et autres.

121 BELISARIO CORENZIO. Un saint exposé sur son lit de mort, et entouré de plusieurs visiteurs. — A la plume, lavé d'encre sur papier gris. — Les dessins de ce maître sont excessivement rares.

122 AND. VACCARO. Femme allaitant un enfant; auprès d'elle, un autre enfant et un homme appuyé sur un bâton. — A l'encre et au lavis. — Col. Mariette.

123 PIRRO LIGORIO. Sujet d'occupations géométriques. — Belle composition très finie et magistralement lavée au bistre.
124 DOSSO-DOSSI. Composition de plusieurs figures. — Dessin au pinceau, lavé d'encre et relevé de blanc. — Le tableau de ce dessin, chef-d'œuvre du maître, se trouve à Faenza.
125 TIZIANO VECELLI. Paysage montagneux, traversé par une rivière. — Dessin à la plume et au lavis de bistre.
126 DOM. CAMPAGNOLA. Paysage avec figures et fabriques. — A la plume et lavé.
127 LUD. CARDI (dit le *Cigolo*). Jésus-Christ guérissant le paralytique. — Riche composition, lavée en couleurs. — Le tableau se trouve au Capitole. — Col. Crozat.
128 PARIS BORDONE. Notre-Seigneur opérant un miracle en présence de plusieurs personnes. — Dessin délicatement lavé à l'encre de Chine.
129 LE PORDENONE. Beau dessin à la plume, lavé et relevé de blanc.
130 ARCHANGELO SALIMBENE. Étude d'architecture, à la plume et au bistre.
131 PIETRE DE CORTONE. Notre-Seigneur descendant du ciel, dans une gloire d'anges, sur un saint entouré de lions. — Dessin à la sanguine.
132 LEONARDO CUNGI. Un apôtre ; il a la main appuyée sur un livre ; un ange est à côté de lui. — Dessin à la plume, fortement bistré, sur papier gris.
133 LIVIO-AGRESTI. Diverses études, spirituellement traitées. — A la plume et légèrement bistrées.
134 JACOPO LIGOZZI. Sujet de la Fable. — Très joli dessin au bistre, relevé d'or.
135 FRANCESCO RUSCHI. Allégorie, traitée d'une grande manière. — A la plume et au bistre.
136 CARLO LOTTI. Un évêque donnant la bénédiction. — Dessin à la plume et lavé de blanc au pinceau.

137 GUIDO RENI. La Rencontre de deux saints, et la sainte Vierge dans les nuages, entourée d'anges. — A la plume et au bistre.

138 DANIEL CRESPI. Sainte Anne est assise au pied d'une colonne; l'enfant Jésus présente sa main à baiser au petit saint Jean. — Dessin à la plume et au bistre.

139 JULES CÉSAR PROCACCINI. Une Circoncision. — Belle maquette au bistre et relevée de blanc.

140 ERCOLE PROCACCINI. Le Christ en croix. — Trois figures à la plume et lavées au bistre.

141 JULES D'ANGELO. Un groupe de moines écoutant de la musique. — Dessin à la plume, lavé au bistre.

142 J.-B. TIEPOLO. Plusieurs religieux dissertant sur la mort. — Dessin largement et magistralement traité à la plume, lavé d'encre de Chine et relevé de blanc.

143 DOM. ZAMPIERI (dit le *Dominiquin*). Une Assomption dans une gloire d'anges. — Dessin à la plume, lavé de bistre, sur un fond bistré. — Collection Valardi.

144 FRANCESCO VANNI. La sainte Vierge sur un croissant; près d'elle, Dieu le Père apparaît à plusieurs religieux en adoration. — Dessin au pinceau, lavé d'encre et un peu relevé de blanc.

145 JACOPO DA PONTE (dit le *Bassan*). Une Adoration des bergers. — Dessin à la sanguine, un peu relevé de blanc au pinceau.

146 DANIEL DE VOLTERRE. Le Christ descendu de la croix est entouré des saintes femmes. — Dessin fini et précieux, bien arrêté à la plume et lavé à l'encre de Chine.

147 GUIDO RENI. Deux figures de femmes, *Libéralité* et *Modestie*, gravées par Strange. — Dessin à la pierre d'Italie.

148 RAPHAEL SANZIO (ou son École). Belle composition à la plume et tant soit peu lavée. — Collection Cosway.

149 *Idem.* Bon dessin à la plume. — Collections Nath. Hone et Jos. Reynolds.

150 *Idem.* Bon dessin à la sanguine.

151 *Idem.* Salomon recevant la reine de Sabba. — A la plume et au bistre.

152 TIMOTEO DELLA VITTE. Études d'enfants nus dans les poses les plus variées. — Dessin à la plume, lavé et relevé de blanc. — Collections Crozat et du prince de Ligne.

153 AND. DEL SARTE. Le Baptême de Jésus-Christ, entouré de plusieurs autres figures. — Dessin au pinceau, bistré et relevé de blanc sur fond brunâtre.

154 BENEDETTO CASTIGLIONE. Une Adoration des Mages. — Grande et riche composition au bistre et à la sanguine.

155 LE GUERCHIN. Scène de tremblement de terre, d'après nature. — A la plume et au bistre.

156 F. PARMEGIANINO. Scène du déluge. — Dessin capital, traité magistralement. — A la plume et un peu lavé d'encre de Chine.

157 GIACOMO PACCHIAROTTO. Trois Vieillards en mouvement. — A la plume et lavé à l'encre de Chine, relevé de blanc, sur fond brun.

158 CAV. DANIEL. Deux Religieuses s'embrassant. — Dessin à la plume et lavé au bistre.

159 SEB. DEL PIOMBO. Scène d'inquisition. — Composition de plus de trente figures. — A la plume et lavée de bistre.

160 F. MONTELATICI. La Charité. — Au crayon rouge

161 BATTISTA PITTONI. Un vieux château sur une colline ; fabrique dans le fond ; au pied, deux figures. — A la plume, un peu bistré.

162 SÉBASTIEN DEL PIOMBO. Dessin à la plume et au pinceau, lavé à l'encre et relevé de blanc; d'une rare beauté et très terminé.

163 ANNIBAL CARRACHE. Le Massacre des Innocents. — Dessin à l'huile, bistré et rehaussé de brun, sur fond brun.

164 DONATELLO. Une décapitation. — Composition de plusieurs figures, exécutée à la plume et lavée à l'encre de Chine.

165 MICHEL ANSELME, FRA BARTOLOMEO et JEAN D'UDINE. Trois très jolis dessins sur une feuille. — A la plume et lavés de bistre.

166 LÉONARD DE VINCI. Neuf études de têtes différemment traitées. — Dessins précieux.

167 MARIOTTO ALBERTINELLI. Un saint, entouré de gens du peuple. — Dessin à la plume, lavé de bistre.

168 LUCA SIGNORELLI. Beau dessin à la plume, lavé d'encre de Chine.

169 GUERCHIN. Paysage avec figures. — A la grosse plume, fortement bistré.

170 JEAN D'UDINE. Beau modèle d'architecture. — A la plume et au bistre.

171 JACQUES PALME, *le Vieux*. Le Couronnement d'épines. — Dessin au pinceau et lavé à l'encre de Chine.

172 LE PORDENONE. Très beau dessin à la plume, lavé à l'encre et relevé de blanc sur papier gris.

173 TOMASO LAURATI. Beau dessin à la plume, lavé de bistre sur papier bistré.

174 F. PANNINI. Ruine avec figures et fabriques dans le fond. — Dessin à la plume et très délicatement lavé à l'encre de Chine.

175 LE GIORGIONE. Un vieux bâtiment entouré d'eau dans laquelle des hommes pêchent à la ligne. — Dessin à la plume et au bistre.

176 BEN. CASTIGLIONE. Un troupeau de moutons mené par un pâtre, et au milieu un homme monté sur un âne. — Dessin à la plume, lavé de bistre et en couleurs.

177 LUCA CAMBIASO. Une grande cérémonie dans une église ; multitude de figures. — Dessin d'une plume hardie et spirituelle, bistré.

178 LOUIS GEMIGNANI. Belle composition à la plume, lavée d'indigo et relevée de blanc.

79 FRED. ZUCCARO. Notre-Seigneur prêchant, entouré de ses disciples. — Dessin à la plume, lavé de bistre et légèrement relevé de blanc. — Collection Pierre Lely.

180 PH. ALLORI. Sujet allégorique, gracieusement et spirituellement traité à la plume.

181 CARLE MARATTE. Très beau dessin à la sanguine.

182 TADDEO ZUCCARO. Beau dessin à la plume et au bistre. — Collection Villenave.

183 TIMOTEO DELLA VITTE. L'Enfant divin, assis près de sa mère et de sainte Anne, consacre le mariage de sainte Catherine, agenouillée devant lui ; saint Joseph est appuyé sur la chaise de la Vierge.

184 JEROME GANGA. Une Circoncision. — Dessin capital. — L'expression des figures est admirablement rendue. — Beau dessin, lavé à l'encre de Chine et relevé de blanc.

185 PALME, le Jeune. Une distribution de soupe. — Dessin à la plume, lavé d'encre de Chine, sur papier d'un fond bleuâtre.

186 LE DOMINIQUIN. Très beau dessin à la plume, lavé de bistre et relevé de blanc, sur papier d'un fond jaunâtre.

187 GUIDO RENI. La Vierge sur son trône s'adressant au peuple. — Dessin à la plume, lavé de bistre, sur fond jaune pâle.

188 LE PRIMATICE. La Résurrection de Notre-Seigneur s'élevant au ciel dans une gloire d'anges; au bas, les gardes sont frappés d'étonnement. — Dessin capital, à la sanguine.

189 LE DOMINIQUIN. Étude pour une décapitation. — A la plume, lavée d'une teinte rougeâtre, sur fond jaunâtre.

190 GUIDO RENI. Le buste de la sainte Vierge : les anges planent au-dessus et sont dans l'adoration. — Dessin aux crayons rouge et noir.

191 B. SCHIDONE et PARMEGIANINO. Trois études au crayon rouge.

192 JULES ROMAIN. Très beau dessin lavé au bistre et relevé de blanc. — Coll. Rubens, Pierre Lely et Thomas Lawrence.

193 GUIL. PORTA. Le Christ en croix. — Dessin à la plume.

194 ANGE ALLORI (dit *le Bronzin*). Un convoi funèbre, d'après Raphaël. — Dessin au crayon rouge.

195 PERIN DEL VAGA. Très bon dessin à la plume et lavé de bistre.

196 L'ORTOLANO, TIM. DELLA VITTE et LEONARD DE VINCI. Réunion de trois dessins précieux.

197 MICHEL-ANGE BUONAROTTI. Étude d'homme nu, traitée de la manière la plus large et la plus énergique. — Au crayon rouge, relevé de blanc.

198 RAPHAEL DEL GARBO. Canonisation d'un prélat. — Dessin à la plume et au bistre; cintré. — Collection lord Somers.

199 LÉONARD DE VINCI. Trois études sur une feuille : deux têtes à la sanguine et une figure debout, à la plume.

200 DOM. CORRADI DEL GHIRLANDAJO. Composition capitale, enrichie d'un grand nombre de figures. — Dessin à la plume et au bistre, relevé de blanc.

201 FRED. ZUCCARO. Cérémonie pour le couronnement d'un pape. — Dessin capital. — A la plume, lavé de bistre.

202 NEUF DESSINS, d'autant de maîtres primitifs, sur une feuille ; précieuses études différemment traitées.

203 ANNIBAL CARRACHE. Le Christ mort, étendu aux pieds de sa mère et pleuré par quatre apôtres. — Dessin au pinceau et au bistre.

204 JACOPO LIGOZZI. Joli petit dessin au bistre et à la sanguine, relevé d'or.

205 MARTIN ROTA. Le Couronnement de la Vierge. — Dessin à la plume, relevé d'encre.

206 NIC. CIRCIGNANI (dit *il Pomerancio*). La Vierge assise ; elle tient dans ses bras son fils divin, qui tend la main à saint François. — Dessin au crayon rouge. — Collection Josué Reynolds.

207 CHRISTOPHE ROSA. Assomption de la Vierge, avec plusieurs figures. — Dessin largement traité à la plume, lavé de bistre, sur papier bistré.

208 CARLO CALIARI. Notre-Seigneur s'affaissant sur les genoux d'un ange. — Dessin à la plume, lavé d'encre de Chine, sur papier gris bleu.

209 BENEDETTO CALIARI. Une sainte à genoux et présentée au pape. — Dessin à la plume et légèrement lavé, sur papier grisâtre.

210 JACOPO PALMA, le *Jeune*. Translation d'un coffre que plusieurs hommes vont déposer dans un bateau. — A la plume et au bistre.

211 FRED. ZUCCARO. L'Annonciation du Saint-Esprit à la Vierge entourée de plusieurs saints ; le Père Éternel, tenant d'une main le globe du monde, apparaît dans les nuées. — Dessin à la plume et lavé de bistre.

212 ALESSANDRO GHERARDINI. Bon dessin aux crayons noir et rouge.

213 RAPHAEL SCIAMINOZZI. Études de plusieurs figures dans des attitudes diverses. — A la plume et lavées de bistre, sur papier bistré.

214 FRANCESCO BOSCHI. Le Christ mort, étendu aux pieds de deux anges. — Crayon rouge.

215 BATTISTA NALDINI. Saint François à genoux, en extase devant l'enfant divin, tenant d'une main le globe terrestre. — Dessin à la plume et au bistre, relevé de rouge.

216 JACOPO CHIMENTI. L'Incrédulité de saint Thomas. — Dessin à la plume, lavé d'encre de Chine.

217 MARCO ANT. BASSETTI. Plusieurs hommes paraissant enlever de force une femme nue. — A la plume et lavé de bistre. — Coll. Richardson.

218 SIGISMOND SCARSELLA. La Vierge exposant son fils aux regards du peuple et des anges. — A la plume et lavé de bistre.

219 *Idem.* Une Sainte prosternée devant le Seigneur accompagné de ses disciples. — A la plume et bistré.

220 FÉLIX RICCIO. Un Massacre aux flambeaux. — Dessin d'une grande vigueur, lavé à l'encre brune, et relevé de blanc au pinceau sur fond brunâtre.

221 CARLO RIDOLFI. Une Adoration des Mages. — A la plume, lavé de bistre et relevé de blanc, sur papier grisâtre.

222 AND. ANSALDO. Etude d'homme nu. — A la sanguine, sur fond rougeâtre.

223 AUG. CARRACHE. Très belles études de plusieurs figures. — A la plume, lavées de bistre et relevées de blanc, sur papier grisâtre.

224 FRANC. ALBANI. La nuit portant les songes. — A la plume et lavé de bistre. — Coll. Mariette

225 PERINO DEL VAGA. Une feuille contenant 15 petites études différentes fort jolies. — Toutes à la plume et lavées de bistre

226 PARMEGIANINO. Une figure de femme drapée, tenant d'une main une écuelle ; à ses pieds sont des serpents. — Plume lavée de bistre.

227 ELIS. SIRANI. Etude de tête d'homme, au crayon noir.

228 GUIDO RENI. Judith montrant la tête d'Holopherne. — A la plume et au bistre.

229 FRANC. SALVIATI. L'Ange, tenant la fleur de lys d'une main, montre de l'autre à une Sainte le ciel où apparaissent le Saint-Esprit et le Père-Eternel. — Bistre et plume.

230 — Grande composition allégorique. — A la plume et au bistre.

231 GIORGIO VASARI. Plusieurs enfants demandant la bénédiction à un prélat. — Dessin à la plume, lavé d'encre de Chine, sur papier gris.

232 NIC. CIRCIGNANI. Etude de figure drapée. — A la sanguine, sur papier gris.

233 BERNARDO BUONTALENTI. Une Adoration des Mages. — A la plume et lavé d'encre.

234 SANTI DI TITO. Notre-Seigneur appelant à lui les Enfants. — Dessin d'une plume fine et spirituelle.

235 FRANC. PARMEGIANINO. Un Sacrifice. — A la plume et très bistré.

236 BADALOCCHIO. Belle étude à la plume, légèrement lavée et relevée de blanc.

237 FRANCESCO PENNI. Moïse flottant sur l'eau est sauvé par la fille de Pharaon. — Dessin à la plume et au bistre.

238 AND. SACCHI. Belle et large étude de religieux en acte de componction. — Dessin à la plume, lavé d'encre de Chine, sur papier gris.

239 B. BAGNACAVALLO. Groupe allégorique. — Rare et beau dessin à la plume, lavé de bistre dans les ombres, sur papier bistré.

240 JACOPO CHIMENTI. L'apparition de Notre-Seigneur. — Esquisse d'une plume spirituelle.

241 DANIEL DE VOLTERRE. Un sacrifice. — Beau dessin avec un grand nombre de figures; à la plume et au bistre, sur papier bistré.

242 GIULIO BONASONE (dit *le Bolognèse*). Dessin d'après la sybille de la Paix de Raphaël, au Vatican. — A la plume, bien accusé dans les ombres.

243 ANNIBAL CARRACHE. Tête de jeune homme. — Étude à la craie rouge et légèrement estompée dans les ombres. — Col. W. Esdale.

244 LOUIS CARRACHE. Plusieurs religieux et autres figures. — A la plume, lavé au bistre.

245 FABIANI. Une Assomption de la Vierge. — Riche composition à la pierre d'Italie, lavée dans les ombres.

246 ANDREA MANTEGNA. Sujet allégorique. — Dessin à la plume, un peu lavé; des plus rares et bien conservé pour son époque. — Col. Bernard et Lanchrinck.

247 GIO. BATTISTA CARACCIOLI. Etude de moine en extase. — Dessin très vigoureux, à la pierre noire.

248 BATISTA FRANCO. Un triomphe militaire. — Sujet historique, grande composition à la plume.

249 FRANCESCO PARMEGIANINO. La Vierge contemplant son enfant dans les bras de sainte Anne, à côté de saint Joseph et d'un évêque. — Dessin à la plume, papier bistré.

250 MATTEO INGOLI. Beau dessin à la plume, un peu lavé, sur papier huilé.

251 RAPHAEL SANZIO. La Vierge avec l'Ange. — Dessin à la plume, un peu bistré.

252 *Idem*. Un Sacrifice. — Très riche composition à la plume, et légèrement lavée au bistre.

253 JACQ. PALME, le *Vieux*. La Vierge mettant son enfant au bain. — Dessin à la plume, un peu re-

levé d'encre et de blanc sur papier gris. — Col. Villenave et Hamal.

254 JACOPO TINTORETTO. Plusieurs études de figures, etc., faites avec beaucoup de sentiment, au pinceau, lavé de sanguine et relevé de blanc, sur fond rougeâtre.

255 PAUL VÉRONÈSE. Une Adoration. — Composition de plusieurs figures, à la plume, lavée de bistre. — Dessin précieux, sur fond gris.

256 Idem. Belle étude, très finie, pour un vaisseau de guerre. — Dessin à la plume, lavé d'encre de Chine et relevé de blanc.

257 Idem. Une Adoration. — Très précieux dessin, bien terminé; à la plume et lavé au bistre avec grand soin.

258 GUERCHIN. Esquisse à la plume très hardie, pour un *Massacre des Innocents*.

259 — Un martyr traîné sur le bûcher. — Dessin à la plume, lavé de bistre et sur papier bistré.

260 — Le Christ expirant sur les genoux de sa mère. — Dessin à la plume, soigneusement lavé de bistre, sur papier bistré.

261 FRANCESCO SQUARCIONE. Un homme et une femme avec leurs enfants. — Dessin à la plume, à la sanguine et à l'encre de Chine, relevé de blanc, sur fond jaunâtre.

262 TIZIANO VECELLI. Un prélat sur une estrade; il est entouré d'enfants et d'autres figures. — Dessin à la sanguine, sur papier bistré.

263 ANT. BADILE. Une femme nue, assise près d'un guerrier debout. — Dessin à la plume, lavé de bistre.

264 JEAN D'UDINE. Belles études d'ornements, à la plume et lavées de bistre.

265 BENVENUTO CELLINI. Modèle de ciselure, exécuté pour la décoration d'un plat. — Dessin à la plume, légèrement lavé.

266 GIULIO CLOVIO. Grande composition allégorique. — Dessin très terminé, à la sanguine, sur fond rougeâtre.

267 BACCIO BANDINELLI. Trois études d'hommes nus sur une feuille. — Plume très hardie, un peu lavées au bistre.

268 ALDROVANDINI. Vue de belles ruines. — A la plume et au lavis.

269 J. P. PANNINI. Vue d'une place publique, avec des bâtiments. — Dessin à la plume.

270 ANT. CANALETTI. Vue d'une ville d'après nature. — Dessin à la plume, lavé à l'encre de Chine.

271 HORACE BORGIANI. Trois hommes pendus par les mains à une branche d'arbre. — Dessin au crayon rouge.

272 AUGUSTIN VÉNITIEN. Dessin qui a servi pour la gravure exécutée d'après une frise de Polydore. — A la plume, sur papier bistré.

273 *Idem.* Sujet analogue, fait de la même manière.

274 FRANCESCO ALLEGRINI. Supplice d'un martyr. Les bourreaux sont dispersés et consternés à la vue du Père Éternel apparaissant dans le ciel. — Dessin au bistre. — Coll. lord Somers.

275 JULES ROMAIN. Une frise.

276 GIOVANNI CAMBIASI. Notre-Seigneur portant sa croix au milieu de la multitude, et suivi par ses bourreaux. — Dessin à la plume et au bistre.

277 FRANCESCO SALVIATI. Jolie composition au trait de plume, légèrement lavé.

278 RAPHAEL DEL GARBO. Une Adoration. — A la plume et au bistre.

279 — Deux dessins sur une feuille. — A la plume et légèrement lavés.

280 TIZIANO VECELLI. Grand paysage avec fabriques, figures et animaux. — Dessin à la plume, lavé au bistre.

281 TIZIANO VECELLI. Petit paysage montagneux avec fabriques. — Plume et lavis.

282 BATTISTA FRANCO. Trois dessins sur une feuille.

283 INCONNU. Dessin à la plume et au bistre.

284 *Idem*. Le Serpent d'airain.—Dessin à la plume, lavé de bistre et relevé de blanc; avec un grand nombre de figures.

285 *Idem*. Une Sainte famille. — Dessin à la plume.

286 SASSO FERRATO. La Vierge avec l'Enfant Jésus et saint Joseph. — Dessin à la pierre d'Italie.

287 PAUL FARONATI. Deux saints recevant des chapelets des mains de la Vierge, qui tient l'Enfant Jésus.—Dessin à la plume, lavé et relevé de blanc.

288 DOM. TIEPOLO. Sujet allégorique. — A la plume, lavé d'encre de Chine.

289 JEAN-BAPT. TIEPOLO. Religieux visité dans sa prison par un personnage vénitien. — Dessin à la plume, légèrement lavé à l'encre.

290 FRANCESCO TREVISANI. Grande composition allégorique, à la plume et au lavis.

291 GUIDO RENI. 3 dessins sur une feuille, différemment traités.

292 *Idem*. 3 dessins sur une feuille, dont 2 du Guide, à la plume et au lavis, et une Étude d'enfant à la plume, par un maître inconnu.

293 ANNIBAL CARRACHE. 3 belles études sur une feuille, traitées différemment.

294 AUG. CARRACHE. 3 belles études au crayon rouge.

295 J. GHIDOLFI. Un grand nombre de personnages en marche. Au fond, une belle ruine. — Dessin à la pierre d'Italie.

296 PAUL VÉRONÈSE. Le martyre de saint Laurent. Composition enrichie d'un grand nombre de figures ; — à la plume et au lavis, relevée de blanc.

297 JACOPO TINTORETTO. Le fractionnement du pain par Jésus-Christ, en présence de ses disciples. — Bon dessin au crayon rouge.

298 J. BILIVERTI. Frises d'anges dans des poses diverses. — A la plume, lavées d'encre, sur fond bleu et rougeâtre.

299 PH. PALADINI et BERNARD BARBATELLO. Trois jolis dessins sur la même feuille; deux à la plume, lavés de bistre, et un autre également à la plume, relevé de blanc.

300 BERN. BARBATELLO (dit le *Pocetti*). Composition de plusieurs figures en extase, et priant en présence de N.-S. — Dessin à la pierre d'Italie et au lavis.

301 BEN. CASTIGLIONE. Marche d'animaux, avec plusieurs figures à pied et à cheval. — Dessin au bistre, de teintes variées, et relevé de blanc au pinceau.

302 JACOPO VIGHI. Scène de l'Inquisition, avec plusieurs figures. — Dessin bien arrêté, à la plume, lavé d'encre de Chine et relevé de blanc, sur fond bleu.

303 CARLE MARATTE. Les Anges descendent du ciel pour adorer l'Enfant divin, exposé à côté de sa mère. — Plume et lavis.

304 PIETRE DE CORTONE. Très belle étude d'homme nu couché. — A la sanguine.

305 MARCO VECELLI. Le Christ mort, étendu aux pieds de sa mère et des saintes femmes éplorées. — Dessin au pinceau et au lavis, sur papier bleu.

306 JÉRÔME MUTIEN. Saint Jérôme en prière, dans un paysage. — Dessin à la plume et au lavis.

307 ALEX. BONVICINI. Bon dessin à la plume, sur fond bistré.

308 PORDENONE. Une Adoration des mages. — Dessin

fortement traité, à la plume, un peu lavé dans les ombres.

309 *Idem*. Une belle étude; au bistre, relevée de blanc.
310 SEB. DEL PIOMBO. L'Enfant Jésus au bain, avec plusieurs figures. — Dessin à la pierre d'Italie, légèrement lavé.
311 CESAR MUNARI. Une Assomption de la Vierge, faite pour un plafond. — Dessin à la plume et au bistre.
312 BART. SCHIDONE. Composition de plusieurs figures, à la sanguine, relevée de blanc, sur papier bleu.
313 J.-A. RAZZI (dit *le Sodome*). Etude d'homme nu, absorbé dans la lecture, lavée au bistre brunâtre.
314 ANT. ALLEGRI (dit *le Corrège*). Une femme allaitant un enfant. — Dessin à la plume, lavé de bistre et relevé de blanc.
315 *Idem*. Une Assomption de la Vierge. — Dessin à la sanguine.
316 RAPHAEL VANNI. D'après les *Noces de Cana*, de Paul Véronèse. — Dessin à la plume et au bistre.
317 LUCA GIORDANO. Bacchus, un Silène et des Amours. — Dessin à la sanguine sur fond à teinte rouge.
318 GEORGE VASARI. Des soldats portent dans une embarcation une femme qu'ils ont enlevée. — Dessin à la pierre d'Italie, sur fond bleu.
319 FRANC. SALVIATI. Etude pour un tableau du *Massacre des Innocents*, à la plume, lavée au bistre. — Très bon dessin.
320 *Idem*. Un Sacrifice. — Dessin à la plume et au lavis de bistre.
321 VENTURA SALIMBENE. Femmes du peuple causant entre elles. — Dessin au crayon rouge.
322 LE DOMINIQUIN. Sujet pastoral, à la plume et au lavis de bistre.

323 M.-A. FRANCESCHINI. Des femmes nues se sauvent à la vue d'un satyre. — Dessin aux trois crayons.

324 CARLO RIDOLFI. Un évêque vient assister un homme mourant entre les bras d'une femme. — Dessin à la plume, au bistre et relevé de blanc.

325 ANGELO ALLORI. Une visitation des bergers. — Dessin à la plume, lavé d'encre de Chine, sur fond bleuâtre.

326 MARC-ANTOINE RAIMONDI. Grande composition pour la gravure d'un tableau de grand maître. — Dessin à la pierre d'Italie estompée.

327 GIROLAMO GENGA. N.-S., les mains garrottées, amené par des soldats devant ses juges. — Dessin à la plume, lavé de bistre, sur fond bistré.

328 FRANÇOIS PANNINI. Un beau palais avec fabriques et jardin dans le fond. — Dessin à la plume et lavé en couleurs.

329 GRIMALDI. Paysage, avec ruines et fabrique. — A la plume et au bistre.

330 AUG. CARRACHE. Paysage à la plume, avec figures.

331 FRANÇ. GUARDI. Vue de ruines; sur le devant, une barque montée par trois hommes. — Dessin à la plume, légèrement lavé au bistre.

332 Idem. Vue de ruines etc. — Pochade spirituellement faite, à la plume et au lavis.

333 DENIS CALVART. Un saint couché, auquel un ange apporte des aliments. — Dessin à la plume et lavé de bistre.

334 LE PRIMATICE. Circé métamorphosant les compagnons d'Ulysse en pourceaux; sujet peint à Fontainebleau. — Dessin à la plume et lavé de bistre.

335 DOMENICO CONTI. La Charité, représentée par plusieurs figures. — Dessin à la plume et au lavis de bistre. — Collection lord Somers.

336 BACCIO BANDINELLI. Le Christ en croix. — Dessin à la plume, fortement bistré dans les ombres, sur fond brun.

337 RODOLPHE CURADI (dit *Ghirlandajo*). Des moines paraissent intercéder pour un prisonnier. — Dessin à la pierre d'Italie, un peu estompé.

338 LE DOMINIQUIN. Saint Jean prêchant dans le désert; une multitude l'écoute. — Dessin à la plume, sur papier bistré.

339 VILLAMENA. Étude de trois moines d'ordres différents. — A la plume et au lavis.

340 LUCA FERRARI DA REGGIO. Une Adoration des mages. — Maquette bien faite.

341 FRANC. MORELLI, MATURINO ET BAGLIONE. Trois jolis dessins sur une feuille — A la plume et au bistre.

342 AND. APPIANI. La Toilette de Vénus. — Dessin à la plume.

343 HYACINTHE CALANDRUCI. Un saint intercédant pour la délivrance de deux prisonniers. — Dessin à la plume et au bistre, un peu relevé de rouge.

344 DOMENICO SANTI. Mercure apporte un jeune enfant à une nymphe couchée à terre et entourée d'autres nymphes. — Dessin à la sanguine, relevé de blanc.

345 J.-M. MORANDI. Une Allégorie représentant une femme qui paraît être la déesse Flore, s'élevant dans un cercle de petits amours. — Dessin à la sanguine relevé de blanc.

346 ANNIBAL CARRACHE. Belle étude de deux figures, ayant servi à une de ses grandes compositions. — A la sanguine.

347 DOMENICO CANUTI. L'ange apparaissant à un saint détenu dans une prison. — Dessin lavé à l'encre, et relevé de blanc; corrigé au crayon rouge.

348 FRANCESCO DE MARIA. Sujet de la fable. — A la plume, relevé de blanc sur fond gris.

349 P.-F. MOLA. Jolie étude. — A la plume, lavée et relevée de blanc. — Col. Villenave.

350 M.-A. CERQUOZZI. Des soldats et leur chef paraissent acclamer une victoire remportée. — Dessin à la plume et au bistre.

351 FRED. ZUCCARO. N.-S. prêchant au peuple. — A la plume et au bistre.

352 ANT. TEMPESTA. Attaque de cavaliers. — Dessin très terminé, à la plume, lavé dans les ombres d'un peu de bistre et d'encre de Chine.

353 GEORGIO PECCHI. La sainte Trinité et une foule de figures. — Dessin à la plume et au lavis.

354 CAV. D'ARPINO. Plusieurs enfants jouant à la crosse. — Etude à la plume, lavée au bistre.

355 G.-F. ROMANELLI. Sujet de la fable. — Très gracieuse composition, bien traitée à la sanguine et estompée.

356 POMPEO BATTONI. Sujet de l'histoire ancienne. — Traité en grisaille.

357 TADDEO ZUCCARO. Grande action militaire. — Ce dessin a été retouché par Rubens, qui en a fait une œuvre capitale. — Col. P. Lely.

358 J.-B. RICCI. Un bon dessin, à la plume et au bistre.

359 CARLE MARATTE. Portrait de l'auteur. — Au crayon rouge, un peu relevé de blanc.

360 LUCA PENNI. Le Christ mourant aux pieds des saintes femmes. — Dessin à la plume, lavé d'encre et relevé de blanc. — Col. W. Esdaile.

361 CHERUBINO ALBERTI. Plusieurs combattants. — A la plume, et lavé de bistre.

362 CAV. D'ARPINO. Adoration des mages, avec une grande quantité de figures. — Dessin à la plume et lavé de bistre.

363 LOUIS CARDI (dit *le Cigoli*). La Vierge aux pieds du Christ, entre les bras de saint Nicodème et de Joseph d'Arimathée. — Dessin à la sanguine, sur papier bistré.

364 JACOPO CHIMENTI. Quatre saints en adoration devant la Vierge et son enfant. — Dessin à la plume et au lavis.

365 MATURINO (de Florence). Enlèvement des Sabines; quantité de figures dans la plus belliqueuse animation. — Dessin à la plume et lavé de bistre.

366 GEORGIO VASARI. 3 dessins à la plume et au lavis, sur la même feuille.

367 TRIBOLO. Sainte Anne montre au petit saint Jean l'Enfant Jésus, assis sur les genoux de sa mère. — Dessin à la plume et bistré.

368 *Trois jolis petits dessins* sur une feuille, dont un de DELLA BELLA et deux de maîtres inconnus.

369 M.-A. FRANCESCHINI. Le martyre de saint Barthélemy. — Grande composition de plusieurs figures, à la plume et lavée d'encre.

370 FRANC. MOLA. Massacre des innocents. — Composition enrichie de figures. — A la plume et lavée de bistre.

371 POMPEIO BATTONI. Sainte Anne tenant sur ses genoux l'Enfant divin (la tête et les mains qui ont servi d'étude). — A la sanguine.

372 INNOCENZO FRANCUCCI (dit *da Imola*). Marie et saint Joseph en admiration devant l'Enfant Jésus, sur une couche de paille. — Plume et bistre.

373 LEONARDO DA VINCI. Le Christ mort, étendu sur un linceul, entouré des disciples et des saintes femmes. — A la plume et au bistre.

374 AUGUSTIN VÉNITIEN, de Musis. Ce dessin paraît représenter un marché aux grains. — A la plume et lavé de bistre.

375 PH. LAURI. Sujet mythologique. — A la plume e lavé d'encre de Chine.

376 BERNINI. Grande étude de femme drapée. — Dessin à la plume, lavé au bleu d'Inde et relevé de blanc.

377 PIETRO AQUILA. Un saint prosterné devant le Seigneur. — Dessin à la plume, lavé de bistre et relevé de blanc, sur fond rougeâtre.

378 G.-DOM. CAMPIGLIA. Une femme expirant sur un lit ; elle est entourée de plusieurs personnages en pleurs. — Dessin à la pierre d'Italie, lavé et relevé de blanc, sur papier à fond gris.

379 J.-B. PIRANESI. Superbe étude d'architecture, à la plume et au bistre.

380 FERDINAND BIBIENA. Beau dessin d'architecture, plume et bistre.

381 FRANC. GUARDI. Vue d'un fort entouré d'eau, avec figures. — Dessin à la plume, très finement exécuté et très soigneusement lavé au bistre.

382 HORATIO VECELLI. Vue d'une ville, avec figures. — Dessin à la plume et au bistre, un peu colorié.

383 POLYDORO DA CARRAVAGGIO. Deux personnages en méditation. — Dessin à la plume, lavé et relevé de blanc, sur fond gris. — Collections Laniers et Richardson.

384 GIACOMO DEL PO. La mort d'Abel. Caïn contemple le corps inanimé de son frère, étendu à ses pieds. — Dessin à la plume et au lavis.

385 MARCO VECELLI. Plusieurs études de femmes différemment costumées. — Dessin à la plume.

386 LEON DE BORGENONE. Belle étude de plusieurs figures, bien entendue et d'une grande manière. — A la plume et au lavis d'encre de Chine.

387 JACOPO DA PONTE. Une distribution de soupe, à laquelle une grande quantité de gens prennent part. — Dessin à la plume et lavé d'encre de Chine.

388 A. L'ALGARDI. Une étude d'homme nu assis. — Au crayon rouge.

389 LUCA PENNI. Soldat recevant une récompense de son roi. — Dessin à la plume et lavé d'encre de Chine.

390 GUERCHIN. Trois figures à la plume. — Étude lavée au bistre, sur papier bistré.

391 GIORGIO PICCHI. Sujet allégorique, composé de trois figures. — A la plume, lavé et relevé de blanc, sur papier bleu.

392 DENIS CALVART. Grande et belle composition de plusieurs figures paraissant réunies en conseil. — Dessin à la plume, lavé d'encre bleue, sur fond gris.

393 FRANC. RAIBOLINI (dit *Francia*). La Vierge retire à son enfant une écuelle que celui-ci désire reprendre. — Dessin à la plume et au bistre, sur fond bistré.

394 FRANCESCO MINZOCCHI. Un monarque entouré de plusieurs personnages; une femme est au pied du trône. — Dessin à la plume, au bistre, avec beaucoup d'ornements d'architecture.

395 INCONNU. Un Cortége; on voit un évêque porté en litière par quatre hommes. — Croquis à la plume.

396 ANDRÉ DEL SARTE. Une Sainte Famille. — Très joli petit dessin à la plume, lavé de bistre, sur fond bistré.

397 PAUL FARONATI et AL. FURCHI. Trois belles études à la plume, sur une feuille; lavées de bistre, relevées de blanc, sur papier gris.

398 BALTHASAR PERUZZI, de Sienne. Une Adoration. — Dessin à la plume et lavé de bistre.

399 GUERCHIN. Paysage avec figures. — A la plume et au bistre.

400 *Idem.* Plusieurs personnages lisant. — Dessin à la plume.

401 PARMEGIANINO. Des femmes en marche. — Dessin à la plume, lavé d'encre de Chine et relevé de blanc, sur fond gris bleuâtre. — Collection Mariette.

402 TIZIANO VECELLI. Psyché couchée, avec deux amours. — Dessin à la plume, un peu lavé.

403 JACOPO DA PARMA. Couronnement de la Vierge. — Dessin à la plume, lavé d'encre de Chine, sur papier gris bleuâtre.

404 PAOLO DE MATTEIS. Un saint en prière, visité par un ange. — Dessin au pinceau, lavé d'encre de Chine et relevé de blanc, sur fond gris.

405 LUCA GIORDANO. Le Départ pour l'Égypte. — Dessin au pinceau, lavé et relevé d'encre sur papier gris.

406 CAMILLE PROCACCINI. La Vierge en contemplation devant son enfant, couché dans la crèche. — Dessin à la plume et au bistre.

407 LELIO ORSI et J.-B. TROTTI. Trois dessins sur une feuille, différemment traités.

408 NICOLO DEL ABATE. Une Annonciation de l'ange. — Dessin au pinceau, lavé de bistre.

409 ANTOINE CORRÈGE. Deux anges. — A la sanguine.

410 Idem. Deux têtes d'enfants regardant en bas. — A la sanguine.

411 Idem. Un ange jouant de la basse (le bras et le pied ont servi d'étude.) — Dessin à la sanguine.

412 FRANCESCO VANNI. Dieu le Père et Dieu le Fils assis sur un nuage, entourés d'une gloire d'anges, font sortir des âmes du purgatoire. — Dessin à la plume et au bistre, sur fond gris.

413 VENTURA SALIMBENI. — Le mariage de sainte Catherine. — A la sanguine.

414 AL. CASOLANI. Étude pour le corps du Christ mourant. — Au crayon rouge, estompée et relevée de blanc, sur fond gris.

415   H. GIMIGNANI. Assomption de la Vierge, dans une gloire d'anges faisant concert de musique. — Dessin à la plume et légèrement bistré.

416   SALVATOR ROSA. Allégorie. — A la plume et lavé au bistre.

417   BARTH. MANFREDI. Plusieurs soldats dans un corps de garde. — Dessin à la plume et bistré par masses.

418   BERNINI. Etude d'homme soufflant de la fumée en l'air. — Dessin au crayon rouge.

419   ANTONIO SEMINI. Rencontre de combattants. — A la plume, légèrement bistré.

420   JEAN GHISOLFI. — Vue d'une ville et d'un port de mer. — Dessin à la pierre d'Italie, sur papier gris.

421   J.-B. RUGGIERI. Une Sainte Famille. — Plume et bistre.

422   J.-A. FASOLO. Une Adoration des Mages; quantité de figures. — Plume et bistre.

423   JACOPO PONTORMO. Une étude d'apôtre. — Dessin à la sanguine.

424   *Inconnu.* Deux saints agenouillés, dont l'un élève un calice. — Dessin à la pierre d'Italie, sur fond gris.

425   LE DOMINIQUIN. Moïse sauvé par la fille de Pharaon. — Miniature sur parchemin.

426   J.-J. DEL SOLE. Une tête aux trois crayons, un peu estompée.

427   *Inconnu.* Etude qui a servi pour la partie supérieure d'un tableau représentant le *Jugement dernier*. — A la pierre noire, relevé de blanc, sur fond gris.

428   MARIOTTO ALBERTINI, J. ZUCCHI et TINTORET. Trois jolis dessins sur une feuille, traités de manière différente.

429 FRANCESCO BRIZIO. Une Vierge dans un cercle d'anges, terrassant un serpent. — Dessin à la plume et au bistre, sur papier gris foncé.

430 ANNIBAL CARRACHE. Jolie esquisse pour un Christ mourant, soutenu et pleuré par le saint entourage. — A la pierre d'Italie, sur fond gris.

431 *Inconnu*. Quatre figures dans un paysage. — Beau dessin au crayon rouge, un peu lavé, sur papier gris.

432 *Idem*. Jésus et la Samaritaine. — Dessin à la plume et lavé de bistre.

433 FRANC. ALBANI. Couronnement de la Vierge et concert d'instruments. — Dessin à la plume, soigneusement lavé de bistre.

434 PASINELLI. Vierge devant une grotte. — Belle esquisse à la plume.

435 PIETRO TESTA. Un homme à cheval et d'autres figures dans un paysage largement fait. — Au lavis de bistre.

436 MARCO BONEFIAL. Belle étude d'homme nu. — Au crayon rouge.

437 RAPHAEL MENGS. Groupe d'enfants. — Étude faite pour la partie supérieure d'une *Nativité* peinte pour le Roi d'Espagne. — Dessin à la pierre noire et au lavis.

438 LOUIS CARRACHE. La Vierge avec l'enfant endormi; paysage. — Dessin à la plume.

439 PERIN DEL VAGA. Modèle d'architecture. — A la plume et lavé de bistre.

440 TADDEO ZUCCARO. Prélat assis dans un fauteuil et plusieurs autres figures. — Dessin à la plume et au bistre.

441 *Inconnu*. Composition enrichie de beaucoup de figures. — Dessin à la plume, lavé de bistre et relevé de blanc, sur fond gris.

442 DANIEL CRESPI. Un saint qu'on vient couronner.—
Dessin bien arrêté, à la plume, lavé au bistre, sur
fond gris.
443 P. F. MAZUCCHELLI. Belle composition de plusieurs figures. — Au crayon noir, un peu estompée
et lavée, sur papier gris.
444 ANTONIO RAZZI (dit le Sodome). La Flagellation du
Christ.—Dessin à la plume, lavé de bistre et relevé
de blanc.
445 JACOPO TINTORETTO. Le Fractionnement du pain
par Notre-Seigneur en présence de ses disciples. —
Dessin estompé au crayon noir, et un peu relevé de
blanc, sur papier gris.
446 ANTONIO RAZZI. Bon dessin, traité de main de
maître.
447 *Inconnu.* Une Sainte Famille, avec deux apôtres.
448 TINTORETTO et PALME, *le Jeune.* Trois dessins
sur une feuille, différemment traités.
449 PH. LE NAPOLITAIN. Cinq petits dessins à la
plume, sur la même feuille.
450 NALDINI, PALMIERI et BEN LUTTI. Trois dessins
sur une feuille.
451 LORENZO PASINELLI. Allégorie. — A la plume,
lavée d'encre et relevée de blanc, sur papier bleu.
452 FRANCESCO ALBANI. Un Ange voltigeant en l'air
et s'entourant d'un rideau. — Dessin à la plume,
un peu bistré, relevé de blanc, sur papier bleu.
453 *Idem.* La Vierge, entourée d'anges, reçoit du Seigneur la couronne, et le sceptre des mains de sainte
Anne. — Dessin à la plume, lavé de bistre.
454 FRANCESCO CURTI. Lapidation.—Au crayon rouge
et un peu lavé.
455 BERNARD CERVI. Le Christ en croix; plusieurs
figures. — Dessin à la plume et au lavis.
456 ANG. MICHELO COLONNA. Dessin d'un grand effet.
— A la plume et bistré.

457 JACOPO CAVEDONE. Le Fractionnement du pain en présence de deux apôtres. — Dessin à la plume et au bistre, sur fond bistré.

458 J.-B. FIORINI. Une Adoration. — Dessin à la plume, lavé, et relevé de blanc.

459 JÉROME DENTONE (dit *le Curti*). Un saint enlevé au ciel par Notre-Seigneur et par deux anges. — Dessin à la plume, lavé et relevé de blanc.

460 LIVINIA FONTANA. Une Reine évanouie, soutenue par deux femmes, en présence d'un monarque sur son trône. — Dessin à la pierre d'Italie et relevé de blanc.

461 GRIGOLINI. Deux femmes viennent délivrer saint Sébastien attaché à un arbre. — Dessin à la pierre d'Italie, un peu bistré et estompé.

462 GIRALOMO, de Trévise, AND. DEL CASTAGNO et MATURINO, de Florence. Trois jolis dessins sur une feuille, différemment traités.

463 LUCA DELLA ROBBIA. La Cène de Notre-Seigneur avec ses apôtres. — Dessin à la plume et au bistre.

464 CAMILLE PROCACCINI. Trois petits dessins sur une feuille.

465 JOSEPH MAZUOLI. Groupes de nombreuses figures offrant des présents à un prêtre. — A la plume très fine.

466 CARLO SARACINO. Notre-Seigneur détaché de la croix et enlevé au ciel par des anges ; au bas, on voit le Temps terrassé. — Dessin à la plume et au bistre.

467 RAPHAEL SCIAMINOZZI. Bataille. — Dessin exécuté à la plume et à l'encre de Chine.

468 ANT. POMERANCIO. Une figure bien drapée. — Dessin à la sanguine.

469 *Idem.* Étude d'homme nu. — Sanguine.

470 PH. PALADINI. Une adoration; la Vierge est en extase devant son fils nouveau-né. — Dessin à la plume et au lavis.

471 GIROLAMO CACCIA. Le Christ mort; des anges le tiennent entre leurs bras. — A la pierre d'Italie.

472 P. F. MAZUCCHELLI. Composition avec plusieurs figures. Dans le fond, un grand palais et un fragment de paysage. — Plume et bistre.

473 LUCA GIORDANO. Une adoration des Mages. — Plume et lavis de bistre.

474 CAMILLE et ERCOLE PROCACCINI. Deux dessins sur une feuille, différemment traités.

475 SEB. RICCI. Saint Sébastien contemplant la Vierge avec l'enfant Jésus dans une gloire d'anges. — A la plume, et lavé d'encre de Chine.

476 *Inconnu.* Un enfant endormi, gardé par des nymphes; dans un paysage. — Dessin à la plume, lavé d'un peu de noir, sur papier jaune huilé.

477 LELIO ORSI. Le martyre de saint Laurent. — Dessin à la plume, lavé de bistre et relevé de blanc.

478 DOM. BECCAFUMI. Composition de la collection Denon, gravée dans ses *Monuments des arts.* — Dessin à la plume, un peu lavé de bistre.

479 JEAN D'UDINE. Ornementation — A la plume et au lavis de bistre.

480 GIOVANNI FULIO. Martyre d'un saint. — A la plume et au bistre.

481 MATTEA PRETI. Meurtre exercé sur un moine. — Dessin à la plume, lavé de bistre.

482 SCIPIO COMPAGNO. Le Christ au roseau entre deux bourreaux. — Plume large et hardie.

483 SALVATOR ROSA. Etude d'apôtre. — A la sanguine.

484 JERONIMO IMPERATO. La Vierge et l'enfant Jésus dans les nuages; les anges exécutent un concert de musique. — A la plume et au lavis.

485 *Inconnu*. Un morceau d'architecture représentant l'intérieur d'une chapelle. — Dessin à la pierre d'Italie, légèrement lavé d'encre.

486 CAMILLE PROCACCINI. La Vierge tenant son enfant debout sur ses genoux ; deux saints sont placés à côté d'elle. — Dessin à la plume et lavé de bistre.

487 LORENZO PASINELLI. Jolie composition de cinq figures. — Dessin fortement traité à la plume et bien senti dans les ombres.

488 GIRALOMO BONINI. La Miséricorde, exprimée par plusieurs figures. — Dessin à la plume et lavé au bistre avec un peu de rouge. Col. Reynolds et Richardson.

489 CARLO CIGNANI. Europe couronnée par des nymphes et des enfants. — Dessin à la pierre d'Italie, estompé dans les ombres.

490 BATTISTA FRANCO. Une frise composée de plusieurs figures. — A la plume.

491 GIORGIONE. Sujet mythologique. — A la plume et au bistre.

492 CARLO NEBBIA. Un évêque à genoux, en prière ; il est entouré de soldats ; dans le fond, on voit une ville. — Dessin à la plume et lavé de bistre.

493 LAURENZO FERRARI. Belle étude de quatre figures. — A la sanguine.

494 *Idem*. Le Seigneur portant sa croix, précédé et suivi par les bourreaux. — Au bistre, et relevé de blanc au pinceau.

495 JOSEPH PORTA. Etude de femme drapée. — A la sanguine.

496 *Inconnu*. De l'école primitive. Saint Martin à cheval partageant son manteau avec un malheureux. Dessin rare, à la plume et au bistre.

497 LE POMERANCIO. Jolie petite composition. — A la plume et lavée de bistre. Col. Reynolds et Crozat.

498 *Divers.* Trois dessins sur une feuille.—A la plume et au bistre.

499 PARMEGIANINO. Trois précieux dessins sur une feuille. — A la plume, lavés et relevés de blanc.

500 *Idem.* BAROCHE, GUIDO et autres. Neuf petits dessins sur une feuille. — Différemment traités.

501 GUIDO RENI et autres. Neuf dessins sur une feuille.

502 LES CARRACHES. Neuf dessins sur une feuille.

503 GUERCHIN. Saint Jean couché. — Très belle et vigoureuse étude à la sanguine.

504 BALTH. PERUZZI. Ascension de Notre-Seigneur. — Dessin précieux, exécuté à la plume.

505 GIORGIONE. Diverses études de têtes. — A la plume et au bistre.

506 JACOPO DA PONTE. Un saint en méditation. — Étude à la sanguine.

507 *Attribué à l'École espagnole.* La lapidation de saint Antoine.—Vigoureux dessin à la plume, lavé d'encre de Chine et d'un peu de sanguine.

508 PARMEGIANINO. Trois jolis dessins sur une feuille. — Plume et lavis.

509 FRANCESCO RUVIALE. Un concert d'anges. — A la plume et au bistre.

510 CERQUOZZI et JULES ROMAIN. Trois dessins sur une feuille.

511 CHIARI. Le Seigneur, entouré de ses apôtres, remet à saint Pierre les clefs du ciel. — Dessin à la plume et au lavis, relevé de blanc.

512 FRANCESCO MENZOCCHI. Un Roi dans son palais; il est assis sur son trône et entouré de ses grands dignitaires. — A la plume et au lavis de bistre.

513 ROMANELLI. La Samaritaine donnant à boire à Jacob; beau paysage. — Dessin à la plume, au lavis et relevé de blanc sur papier bleu.

514 GUERCHIN. Première pensée de son tableau *l'Aurore chassant la Nuit*, gravé par Pozzi. — Dessin à la plume et au lavis d'encre.

515 *Idem.* Étude d'enfant au crayon rouge.

516 *Idem.* Un moine en extase. — Étude à la sanguine.

517 PARMEGIANINO. Trois petits dessins sur une feuille.

518 *Idem.* Trois autres dessins sur la même feuille.

519 UN PORTEFEUILLE contenant 102 dessins de l'art *architectonique*, *d'ornementation*, *sculpture*, *ciselure*, etc., etc.

Cet article sera divisé.

ÉCOLE ALLEMANDE.

520 PH. ROOS. Animaux au repos, sous la garde d'un pâtre. — Dessin au pinceau et au bistre.

521 J.-H. ROOS. Chèvre et bouc dans un petit paysage. — Gouache relevée d'or.

522 THORWALDSEN. Etude de statuaire, au trait de plume, lavée d'encre de Chine.

523 *Idem.* Etude de statuaire, au trait de plume, lavée d'encre de Chine.

524 DIETRICY. Endymion et les Nymphes. — Beau dessin dans lequel on voit divers animaux dans un paysage. — Au crayon rouge.

525 *Idem.* Tobie et l'Ange, dans un paysage. — Dessin lavé d'encre de Chine.

526 J.-F. A. THIELE. Portrait d'homme. — Dessin aux trois crayons.

527 ANGELICA KAUFMANN. Beau dessin, d'une riche composition. — Au crayon rouge.
528 Idem. Trois études, dont une de *Chrétien Richter*. — Sur la même feuille.
529 CHODOWICKI. Trois têtes d'étude, sur la même feuille.
530 J.-H. SCHOONVELD. Diogène avec sa lanterne. — Dessin à l'encre de Chine.
531 JOS. WERNER. Grand et beau dessin. — A la plume et lavé au bistre.
532 J.-G. BAUER. Le portrait de l'auteur. — Dessin à la sanguine.
533 ROTTENHAMER, *le Vieux*. Enlèvement des Sabines; grande et riche composition très finie, au pinceau, lavée de bistre.
534 ALBERT DURER. La Vierge et l'enfant Jésus. — Dessin à la plume, d'un fini précieux.
535 Idem. L'Annonciation. — Joli dessin à la plume. — Sujet gravé.
536 Idem et HANS BROSAMER. Deux dessins sur une feuille. L'un est traité à la plume et à la craie rouge, l'autre à la plume, légèrement lavé à l'encre.
537 Idem. Trois dessins sur une feuille, dont deux de l'école ancienne.
538 Idem. (Attribué à). — Paysage finement dessiné à la plume.
539 HANS HOLBEIN. Une marche triomphale : beau char traîné par quatre chevaux. — Dessin enrichi d'un grand nombre de figures, à la plume, lavé à l'encre de Chine.
540 H. ALDEGREVER. Trois jolis dessins sur une feuille, très finement traités à la plume.
541 ALBERT DURER, LUC. DE LEYDE et J. BINK. Trois dessins à la plume sur la même feuille.
542 CHRISTOPHE ZWARTS. Crucifiement de N.-S.; les saintes femmes sont au pied de la croix. — Dessin à la plume et au lavis.
543 THOMIE STIMMER. Sujet mythologique, lavé à l'encre et relevé de blanc au pinceau.

— 42 —

544 J. VAN AKEN. Sujet mythologique. — A la plume et au bistre.

545 RAPHAEL MENGS. Un combat. — Dessin à l'encre de Chine, relevé de blanc.

546 J. ROTTENHAMER. Trois dessins sur une feuille. — Très spirituellement exécutés.

547 Idem. L'Annonciation. — Dessin à la plume et lavé au bistre.

548 Idem. Sujet mythologique. — Lavé en couleurs.

549 MARTIN SCHOENGAUER. Plusieurs études de figures. — Bien terminées.

550 M. WOLGEMUTH. Sujet de l'histoire sacrée. — Lavé à l'encre.

551 MAITRE WILLEM, de Cologne. Florissait en 1380. Curieux dessin. Les contours portent diverses inscriptions.

552 ÉCOLE DE SOUABE. Maître inconnu. — Dessin très remarquable.

553 J. RIEDINGER. Cerf poursuivi par un chien.

554 SMUTZER. Belle étude d'homme. — Au crayon rouge.

555 MELCHIOR LORCH. Un saint apôtre. — Dessin vigoureusement traité.

556 GEORGE PENCZ. Grand dessin à l'encre, lavé de bistre. — Il représente un festin auquel prennent part divers personnages.

557 Idem et LUCA CRANACH. Deux dessins sur une feuille.

558 Idem. Adoration des Mages. — Dessin à la plume et au bistre.

559 LE MAITRE DE 1446. Modèle de ciselure représentant un calice.

560 CUTBERT. Joli petit paysage. — Légèrement colorié.

561 WAGNER. L'Annonciation aux bergers.

562 G. M. KRAUZ. Un paysage. — Dessin à la gouache.

563 DIETRICY. Un pâtre et divers animaux. — Dessin sur fond noir, relevé de blanc au pinceau.

564 *Idem.* Très joli petit dessin représentant un paysage, tout à fait dans la manière de Rembrandt. — Lavé au bistre.

565 FÉLIX MAYER. Sujet champêtre. — Très joli dessin lavé au bistre.

566 J. SANDRART. Paysage; au fond, une campagne montagneuse. — Dessin à la plume et lavé de bistre.

567 DANIEL SCHULTZ. Paysage traversé par une rivière. — Dessin au crayon noir.

568 WILLEM BAUER. Trois jolies petites marines sur la même feuille. — Dessins légèrement lavés.

569 *Idem.* Une plage avec figures et bâtiments. — Dessin à la plume, légèrement lavé.

570 PAUL JOUVENEL. Sujet de l'Ancien Testament. — A la plume et au bistre.

571 RICHARD WILSON (École anglaise). Paysage agité par un fort coup de vent. — Dessin à la plume et au bistre.

572 WILLIAM FAITHORNE (même École). Deux figures dans un paysage. — A la plume et au bistre.

573 BONNINGTON (même École). Deux études coloriées, sur la même feuille.

574 RICHARD WILSON (même École). Paysage avec fabriques, orné de jolies figures. — A la plume, lavé d'encre de Chine.

575 J. E. RIEDINGER. Sanglier attaqué par des chiens. — Dessin capital, exécuté au pinceau et lavé à l'encre sur papier bistré.

576 J. F. ERMELS. Paysage. — A la plume et au pinceau, lavé d'encre de Chine.

577 AD. ELSHEIMER. Paysage. — Dessin à la plume et lavé à l'encre, sur papier bistré.

578 J.-H. ROOS. Figures et moutons. — Dessin au pinceau, délicatement lavé à l'encre de Chine.

579 Idem. Moutons et chèvres dans une prairie. — Dessin au crayon rouge.

580 Idem. Un pâtre gardant des chèvres et des moutons. — Dessin au crayon rouge.

581 J.-M. ROOS. Cinq boucs avec leur pâtre, dans un paysage. — Dessin à la plume, lavé d'encre.

582 DIETRICY. Plusieurs animaux avec un pâtre ; on voit dans le fond un paysage montagneux et des ruines. — Dessin au crayon rouge.

583 FRED. OESER. Paysage avec figures.—Au pinceau, lavé à l'encre de Chine, sur papier fond gris bleuâtre.

584 J. KALCKER. Personnages de différentes conditions. — Dessin à la plume et lavé à l'encre de Chine.

ÉCOLE FLAMANDE.

585 P.-P. RUBENS. Le Baptême de saint Jean. — Dessin à la pierre d'Italie.

586 Idem. Étude d'un fragment du tableau qui se trouve au Louvre. — Aux trois crayons.

587 Idem. Scène religieuse. — A la pierre d'Italie.

588 Idem. Tête de femme. — Étude aux trois crayons.

589 Idem. Femme nue, vue de dos, la face tournée. — Dessin à la craie rouge.

590 Idem. Portrait d'*Hélène Forman*. — Aux trois crayons.

591 P.-P. RUBENS. L'enfant Jésus et saint Jean. — Dessin à la plume et au bistre.

592 *Idem.* Figure d'Hercule, de la plus grande énergie. — Dessin à la sanguine, un peu relevé de blanc.

593 *Idem.* Le Christ avec les saintes femmes. — A la plume et au bistre, relevé de blanc. — Collection Gole.

594 *Idem.* Superbe étude. — Aux trois crayons.

595 *Idem.* Hommage des Provinces à une souveraine. — Dessin à la plume et en couleurs.

596 *Idem.* Les trois Grâces. — Dessin aux trois crayons.

597 *Idem.* Première pensée pour le tableau de *la Descente de Croix*, à Anvers.

598 *Idem.* Une jeune femme à sa toilette.

599 *Idem.* Belle étude. — A la pierre d'Italie.

600 *Idem.* Allégorie. — Aux trois crayons.

601 *Idem.* Allégorie. — A la sanguine.

602 *Idem.* Dessin par L. Carrache, retouché par Rubens. — A la sanguine, relevé de blanc.

603 *Idem.* D'après le Primatice, à Fontainebleau. — A la sanguine.

604 *Idem.* Fuite en Egypte. — Dessin au pinceau et à la pierre d'Italie.

605 *Idem.* (Ou son école.) — Dessin à la craie rouge.

606 *Idem.* (Ou son école.) — Trois cariatides. — A la pierre d'Italie.

607 *Idem.* (Ou son école.) — Dessin à la plume et à l'encre de Chine.

608 *Idem.* (Ou son école.) — Dessin à la pierre d'Italie.

609 *Idem.* Combat de gladiateurs. — Dessin à la plume, fait avec une grande énergie.

610 *Idem.* Allégorie. — A la sanguine.

611 *Idem.* Dessin d'après Annibal Carrache, lavé à la pierre d'Italie.

612 *Idem.* Tête d'apôtre. — Dessin retouché à la pierre d'Italie et relevé de blanc.

613 P.-P. RUBENS. Paysage. — Au pinceau et à l'encre de Chine.

614 *Idem.* Etude de chien, lavée en couleur.

615 *Idem.* Portrait de Martin Pepin, peintre anversois. — A la craie noire et rouge.

616 *Idem.* Fuite en Egypte. — Dessin au pinceau, relevé de bistre.

617 *Idem.* Religieux en costume sacerdotal. — Dessin aux crayons noir et rouge.

618 *Idem.* Choc de cavalerie. — Dessin à la plume.

619 *Idem.* Tête de femme. — A la pierre d'Italie.

620 *Idem.* Evêque revêtu de ses habits pontificaux. — Dessin aux crayons noir et rouge.

621 *Idem.* Etude pour un dieu marin. — A la pierre d'Italie.

622 *Idem.* Une feuille contenant diverses études et souvenirs d'Italie; croquis à la plume. — Deux dessins.

623 *Idem.* Etude d'après un dessin de l'école italienne. — A la plume et au bistre.

624 *Idem.* (*Attribué à.*) Sainte Thérèse. — Dessin au lavis et à la pierre d'Italie.

625 *Idem.* Trois études de têtes sur la même feuille. — Aux crayons rouge et noir.

626 *Idem.* Des chiens aux prises avec un lion. — Dessin à la plume, largement traité.

627 *Idem.* (De son école.) La Vierge avec l'enfant Jésus.

628 — Bon dessin d'après Rubens.

629 ANT. VAN DYCK. Ascension d'une sainte. — Dessin à la plume et à l'encre de Chine.

630 *Idem.* Etude pour son tableau *le Couronnement d'épines.*

631 *Idem.* Trois dessins sur la même feuille.

632 *Idem.* N.-S. montant au ciel à la vue de ses disciples. — Très beau dessin au crayon noir, dont il existe un tableau.

633 ANT. VAN DYCK. Le Christ mis au tombeau. — Dessin lavé à l'encre de Chine et relevé de blanc.

634 *Idem.* N.-S. mené au supplice par ses bourreaux. — Composition capitale, et l'un des beaux dessins de ce maître. — Lavé à la pierre d'Italie.

635 *Idem.* Chérubins jouant. — Dessin colorié.

636 *Idem.* Trois études sur la même feuille.

637 *Idem.* Le Christ en croix. — Dessin lavé à l'encre de Chine.

638 *Idem.* Belle étude d'enfants et d'autres figures. — Au crayon rouge.

639 *Idem.* Dessin qui a servi pour son tableau représentant *la famille Gerbier*. — Au pinceau et à l'encre de Chine, légèrement colorié. La gravure y est jointe.

640 *Idem.* Le Christ mort, sur les genoux de sa mère. — Dessin lavé à l'encre de Chine.

641 *Idem.* Croquis hardiment exécutés. — A la plume et au bistre.

642 *Idem.* Un ecclésiastique. — Étude à la pierre noire, relevée de blanc.

643 *Idem.* Sainte Thérèse en extase. — Dessin au crayon rouge, relevé de blanc.

644 *Idem.* Le Christ au tombeau, entouré des saintes femmes. — Dessin à la craie noire, légèrement bistré.

645 *Idem.* La Vierge avec l'enfant Jésus. — Esquisse hardiment faite.

646 *Idem.* Notre-Seigneur mis au tombeau. — Dessin à la craie rouge, estompé dans les ombres.

647 *idem.* Même sujet. Au bistre, légèrement lavé.

648 H. VAN CLEEF. Paysage. — A la plume, légèrement lavé en couleur.

649 GILLES VAN CONNIXLOO. Paysage avec figures et bâtiments dans le fond. — Lavé en couleur.

650 *Idem.* Paysage. — A la plume, lavé en couleur.

651   J. BOL. Paysage. — Au pinceau, légèrement lavé, sur fond jaune et verdâtre.

652   Idem. Paysage. — Au pinceau, lavé d'indigo et relevé de blanc au pinceau.

653   PAUL BRIL. Paysage. — A la plume, lavé de bistre.

654   M. BRIL et L. DE VADDER. Trois paysages sur une feuille. — Différemment traités.

655   Idem. Deux paysages sur une feuille. — Lavés de bistre, sur papier bistré.

656   PIERRE BREUGHEL. Paysage. — A la plume.

657   J. VERREKE et SEB. FRANCK. Deux paysages sur la même feuille. — A la plume, légèrement lavés d'encre et de bistre.

658   CORN. METSYS. Deux paysages. — A la plume, sur la même feuille.

659   DAVID VINCKENBOOMS. Paysage. — A la plume et au bistre.

660   Idem. Paysage. — A la plume, lavé d'encre de Chine.

661   J. WILDENS. Paysage. — A la plume, lavé d'encre, de bistre et d'un peu de couleur.

662   J. MOMPRE. Paysage. — A la plume et au bistre, avec un peu de bleu.

663   J. BREUGHEL. Paysage. — A la plume et en couleurs.

664   J. et P. BREUGHEL. Deux paysages sur une feuille. — A la plume, relevés de couleurs.

665   J. VAN ARTOIS. Paysage. — Au pinceau, lavé d'un peu de couleur.

666   LUC. VAN UDEN. Trois paysages sur une feuille. — A la plume et à la gouache.

667   J. FOUQUIERES. Paysage. — Au pinceau et au lavis de bistre.

668   BON. PIETERS. Marine. — Dessin à la plume et bistré dans les ombres.

669 J. VAN ARTOIS. Paysage. — A la plume, lavé d'encre de Chine.

670 J. FYT. Paysage avec nature morte. — Dessin à la plume, un peu lavé.

671 *Idem*. Étude de chevreuil. — A l'aquarelle.

672 A.-F. VAN DER MEULEN. Marche d'un corps d'armée. — Dessin à la plume et au pinceau, lavé de noir et de rouge.

673 A. GENOELS. Paysage orné de figures. — A la plume, lavé d'encre, sur papier gris bleuâtre.

674 P. BOUT. Trois paysages sur la même feuille. — A la plume et au bistre.

675 P. VAN BLOEMEN. Deux chevaux tenus par un homme. — Dessin à la plume, lavé d'encre, sur papier gris bleuâtre.

676 L. DE MARNE. Paysage avec figures. — A la plume, lavé d'encre.

677 GÉRARD DE LAIRESSE. Allégorie. — Au pinceau, lavé d'encre de Chine.

678 WALLARANT VAILLANT. Deux portraits: homme et femme. — Au crayon noir, relevé de blanc, sur papier bleu.

679 BERNARD VAILLANT. Un homme lisant. — Dessin à la sanguine.

680 SUYDERHOEF. Paysans jouant aux cartes; d'après Téniers. — Dessin en manière de gravure.

681 J. MIEL. Figures dans un paysage. — Dessin au pinceau, lavé de bistre.

682 CORN. SCHUT. Dessin à la plume et au bistre.

683 P. SOUTMAN. Scène du *Massacre des Innocents*. — A la plume et au bistre, relevé de blanc.

684 J. BREUGHEL DE VELOURS. Vue d'un village avec figures. — A la plume, et lavé à l'encre.

685 P. BREUGHEL D'ENFER. Fête de village. — Dessin à la plume.

686 GASPARD DE CRAYER. École de Rubens.

687 *Idem.* Grande composition. — A la pierre d'Italie, sur papier gris.

688 J. JORDAENS. Sujet religieux. — Lavé en couleurs.

689 *Idem.* Tête de fou. — Dessin lavé en couleurs.

690 J. JORDAENS. Sujet religieux, au lavis de bistre, relevé de bleu.

691 PH. DE CHAMPAIGNE. Buste d'évêque. — A la sanguine.

692 J. FRANQUART. Trois dessins sur la même feuille, différemment traités.

693 R. VAN BOLTEN. Scène de l'Inquisition. — Dessin à la plume, lavé de bistre.

694 H. VAN BALEN. Allégorie. — Dessin au crayon rouge, lavé en couleurs.

695 D. RYCKART. Bacchanale. — Dessin à la plume et au bistre, avec un léger lavis à l'encre.

696 M. DE VOS et autres. Trois dessins sur la même feuille.

697 FRANCK-FLORIS. Lutte herculéenne. — Dessin à la plume, bien accusé dans les ombres.

698 RAPHAEL VAN COXIE. La Vierge avec l'enfant Jésus et saint François. — Dessin à la sanguine, relevé de blanc, sur fond bleu.

699 BERN. VAN ORLEY. Une chasse. — Dessin à la pierre d'Italie, légèrement lavé.

700 PAUL BRIL. Paysage à la plume et à la sépia.

701 *Idem.* Paysage à la plume et à la sépia.

702 R. SAVARY. Paysage avec figures. — A la plume et au lavis.

703 J. BREUGHEL. Un village. — Dessin avec figures, à la plume et lavé d'encre.

704 *Idem.* Paysage avec un moulin. — Dessin à la plume, légèrement teinté.

— 51 —

705 J. MOMPER. Un paysage en Italie. — Dessin à la plume, lavé à l'encre.

706 DAVID VINCKENBOOMS. Paysage avec figures. — A la plume et au lavis de bistre.

707 F. SNEYDERS. Chiens aux prises avec un ours. — Dessin à la plume.

708 J. WILDENS. Paysage à la plume, lavé de bistre.

709 LUCAS VAN UDEN. Paysage à la plume, lavé de bistre et d'encre.

710 J. VAN ARTOIS. Paysage avec figures et pièce d'eau. — Dessin à la plume et au crayon, estompé dans les ombres.

711 J. FYT. Paysage avec figures et gibier. — Dessin à la plume, bien traité dans les ombres, sur fond gris.

712 F. SNEYDERS. Fragment d'étude pour un tableau dans lequel Rubens a peint les figures.

713 A. F. VAN DER MEULEN. Marche militaire. — Dessin à la plume, lavé de bistre et d'encre, sur papier bistré.

714 G. VAN TILBURG. Récréation champêtre. — A la plume, relevé de jaune, sur papier à fond bleuâtre.

715 FRANCISQUE MILET. Paysage à la plume, lavé d'encre de chine.

716 JEAN MIEL. Paysage avec figures. — A la plume et au lavis.

717 C. HUYSMANS (dit *de Malines*). Paysage montagneux de grande étendue. — Dessin au pinceau, lavé d'encre de Chine, sur fond gris.

718 BONAVENTURE PEETERS. Une ville avec un port maritime. — Croquis sur papier teinté.

719 A. GENOELS. Paysage avec figures. — A la plume, lavé d'encre de chine.

720 BOUT et BOUDEWYNS. Paysage avec figures, au pinceau légèrement lavé.

721 PIERRE BOUT. Les misères de la guerre. — Dessin capital. — A la plume, lavé d'encre de Chine.

722 CHEVALIER DE FASSIN. Paysage avec figures. — Dessin lavé de noir et de bleu, et légèrement relevé de blanc, sur fond gris.

723 B.-P. OMMEGANCK. Bestiaux dans une prairie. — Dessin garanti original.

724 J. LEGILLON. Deux dessins sur la même feuille.

725 B.-P. OMMEGANCK. Marche d'animaux. — Dessin garanti original.

726 *Idem.* Belle étude d'après nature. — Dessin garanti original.

727 *Idem.* Dessin capital de ce maître. — A la craie noire, estompé et relevé de blanc. — Ce dessin est garanti original par le fils de l'auteur.

728 J. VAN ELBURG. Marine. — A la plume, lavé en couleurs.

729 JEAN DE MAUBEUGE. Un dessin de ce maître, et deux autres dessins sur la même feuille. — Précieux et rares.

730 *Idem.* La naissance du Christ. — Dessin à la plume, fortement lavé au bleu et relevé de blanc au pinceau.

731 JÉROME BOS. Moines en prière auprès d'un mort. — Dessin à la plume, lavé à l'encre de Chine.

732 BERNARD VAN ORLEY. Le Christ en croix, entouré des saintes femmes ; dans le fond, la ville de Jérusalem. — Dessin à la plume et au lavis.

733 *Idem.* Jésus-Christ mis au tombeau, en présence des saintes femmes. — Dessin à la plume et au lavis, sur fond bistré.

734 QUINTIN METSYS (dit *le maréchal d'Anvers*). Le Christ en croix au mont Calvaire. — Dessin enrichi d'une multitude de figures, au lavis et à l'encre.

735 MICHEL COXIE. Adoration des Mages. — A la plume, lavé de bistre.

736 FRANCK-FLORIS. Scène infernale. — A la plume, lavé d'encre de Chine.

737 LAMBERT VAN OORT. Le Christ en croix. — Dessin à la plume, lavé d'indigo.

738 JEAN STRADAN. La Flagellation du Christ. — Dessin à la plume, lavé à l'encre et relevé de blanc au pinceau, sur papier bleu.

739 LUC. DE HEERE. Un évêque donnant la bénédiction à un moine, accompagné de plusieurs autres personnages. — Grisaille.

740 MARTIN DE VOS. Dessin à la plume, lavé à l'encre de Chine.

741 *Idem.* Très grande composition. — A la plume et au lavis.

742 SIMON DE VOS. Un prélat distribuant des aumônes.

743 CORNEILLE DE VOS. Dessin précieux; l'un des plus importants qui soient connus de ce maître. — A la plume et au lavis de bistre.

744 ADAM DE WIERD. Le Christ appelant à lui les enfants. — Très joli dessin à la plume, lavé à l'encre de Chine.

745 BARTH. SPRANGER. Un moine lisant. — A la plume et au bistre.

746 *Trois différents dessins de maîtres*, sur la même feuille.

747 *Trois différents dessins de maîtres*, sur la même feuille.

748 P. DE JODE. Allégorie composée pour un plafond. — Dessin lavé de bistre et d'un peu de bleu.

749 RAPHAEL SADELEER. Jésus et la Samaritaine; figures, paysage et bâtiments dans le fond. — Dessin à la plume et au lavis.

750 OTTO VENIUS. Trois dessins sur une feuille.

751 SIBRECHT VAN VENNE et RAPH. SADELEER. Trois dessins sur une feuille.

752 *Trois dessins différents*, sur une feuille.
753 P. BREUGHEL, *le Jeune*. Amusements champêtres. — Dessin à la plume, légèrement lavé au bleu d'Inde.
754 JÉROME BOS. Tentation de saint Antoine. — A la plume, un peu bistré et colorié.
755 F. SNEYDERS. Étude de plantes diverses. — A la plume et lavé.
756 GILLES MOSTAERT. Cortége grotesque, avec une quantité de figures. — Dessin à la sanguine.
757 LUC. DE WAEL. Distribution de comestibles. — Dessin à la plume.
758 HENRI VAN BALEN. Dessin fini, au pinceau et à l'encre de Chine.
759 *Idem*. Dessin au pinceau et à l'encre de Chine.
760 PIERRE VAN MOL. L'ange apparaissant à sainte Madeleine. — Dessin à l'aquarelle.
761 GASPARD DE CRAYER. La pêche miraculeuse. — Dessin au crayon rouge.
762 J. JORDAENS. Tête d'apôtre, de la plus grande énergie. — En couleurs.
763 *Idem*. Dessin capital et autographe du maître. — En couleurs.
764 *Idem*. Plusieurs femmes nues dans un paysage. — Dessin au crayon rouge.
765 CORN. SCHUT. Dessin à la plume, lavé au bistre et relevé de blanc.
766 PH. FRUYTIERS. Allégorie. — Collection Mariette.
767 THOMAS WILLEBORTS. Aquarelle.
768 THÉOD. ROMBOUTS. Dessin aux trois crayons.
769 J. MIEL. Réjouissances publiques. — Dessin à la plume, lavé d'encre de Chine.
770 *Idem*. Très joli dessin, à la plume et au bistre.

771 GONZALÈS COQUES. Femmes faisant de la musique. — Dessin aux crayons rouge et noir.

772 ERASME QUILLIN. Élève de Rubens. — Dessin à la pierre d'Italie.

773 *Trois dessins*, sur la même feuille.

774 PHIL. DE CHAMPAIGNE. Une sainte en prière.

775 AB. VAN DIEPENBEKE. Jésus-Christ avec les docteurs. — Dessin lavé à l'encre de Chine.

776 *Trois dessins*, sur une feuille.

777 J. VAN HOEK. La mère avec l'enfant Jésus. — Dessin au crayon noir, relevé de blanc.

778 P. VAN DEN AVOND. Allégorie. — Beau dessin au crayon noir, relevé de blanc.

779 F. DU QUESNOY (dit *François Flamand*). Dessin très précieux, exécuté pour la colonne du baldaquin de Saint-Pierre, à Rome.

780 *Idem.* Enfants jouant avec un bouc. — Dessin au crayon rouge.

781 DAVID TÉNIERS, *le Jeune*. Scène d'intérieur. — Au crayon rouge. — Il est rare de rencontrer de ce maître des dessins aussi terminés que celui-ci.

782 *Idem.* Un guerrier. — Dessin au crayon noir, relevé de blanc.

783 *Idem.* Un archer. — Beau dessin à la pierre d'Italie.

784 *Idem.* Les singes en gaieté. — Dessin à la plume et au bistre.

785 ADRIEN BRAUWER. Scène de cabaret. — Dessin au pinceau et au bistre.

786 *Idem.* Quatre dessins sur la même feuille.

787 *Idem.* Paysans fumant et buvant. — Dessin à la plume, lavé à l'encre de Chine.

788 ÉRASME QUILLIN. Grand dessin, relevé en couleurs.

789 GÉRARD DE LAIRESSE. Grande composition, très finie.
790 BARTHOLET FLEMAL. Superbe dessin, d'après Raphaël d'Urbin.
791 A.-F. VAN DER MEULEN. Son portrait, dessiné par lui-même au crayon rouge.
792 *Idem.* Corps d'armée en marche. — Dessin colorié.
793 *Idem.* Groupe de plusieurs chevaux. — Au crayon rouge.
794 R. VAN ORLEY. Un évêque consolant des malheureux.
795 *Idem.* Un très bon dessin.
796 F. VAN ORLEY. Le couronnement d'un saint.
797 NORBERT VAN BLOEMEN. Une fête villageoise.
798 J.-P. TASSART. Évêque revêtu de ses habits pontificaux.
799 GODFROID MAES. Allégorie sur la chasse.
800 *Idem.* Une Adoration.
801 H. VAN DER BRUGGEN. Deux dessins de sculpture.
802 VICT.-HON. JANSSENS. La Charité. — Beau dessin à la pierre noire, relevé de blanc.
803 PH. VAN DYCK. Portrait. Au crayon noir, relevé de blanc.
804 CHEV. VAN FALENS. Halte de cavaliers. — Dessin dans le style de Ph. Wouvermans.
805 J.-E. QUILLIN. Grand et beau dessin très fini, en couleur.
806 P. THYSSENS. La communion de saint François. — Beau dessin à la plume.
807 CHEV. VAN FALENS (attribué aussi à *Ph. Wouvermans*). Le départ pour la chasse.
808 A. OVERLAET. Trois dessins à la plume, sur une feuille.
809 J. HORREMANS. Dessin lavé à l'encre de Chine.

810 PLUMIER, élève de Largillière. Bon dessin.
811 VICTOR-HONORÉ JANSSENS. Descente de croix. — Beau dessin lavé à l'encre.
812 A.-F. VAN DER MEULEN. Étude au crayon noir.
813 *Idem.* Étude d'une figure en pied. — Dessin aux crayons noir et rouge.
814 ROB. VAN AUDENAERD. Grand et beau dessin, d'une riche composition.—Au crayon noir, relevé de blanc.
815 ARTHUR QUILLIN. Esquisse très spirituellement faite.
816 THÉODORE VAN LOON. Le Christ sur la croix.
817 DAVID RYCKAERT *junior*. Sujet allégorique. — Au crayon rouge, relevé de blanc.
818 JOSEPH CRAESBEKE. Les Grimaciers.
819 BARTHOLET FLEMAL. Deux dessins sur la même feuille. — Sujet tiré de la Chasse au sanglier, par Ovide.
820 AD. BRAUWER. Esquisse à la plume de roseau.
821 DAVID TÉNIERS *junior*. Scène de cabaret, à la plume et au pinceau. — Dessin précieux.
822 *Idem.* Scène de singes.
823 *Idem*, le *Vieux*. Un vieillard carossant sa servante. — Les dessins de ce maître sont très rares.
824 *Trois dessins de sculpteur*, sur la même feuille; l'un de ces dessins est du célèbre *François du Quesnoy*.
825 FRANÇ. DU QUESNOY. Trois dessins au crayon rouge, sur la même feuille.
826 VAL. LEFEBVRE. Une Adoration. — Dessin au bistre, lavé d'encre de Chine.
827 P. VAN DEN AVOND. La fuite en Égypte. — Dessin au crayon rouge.
828 AB. VAN DIEPENBEKE et CORN. SCHUT. Trois dessins sur la même feuille.
829 *Idem.* Trois dessins sur la même feuille.

830 THÉOD. VAN THULDEN. Tête de Faune. — Au crayon rouge.

831 PH. DE CHAMPAIGNE. Trois études au crayon rouge, sur la même feuille.

832 *Idem.* Plusieurs moines dans un temple. — Dessin au bistre et à la sanguine.

833 *Idem.* Le buste de Notre-Seigneur. — Dessin au crayon noir, relevé de blanc.

834 GONZALÈS COQUES. Une dame de condition se promenant dans son jardin. — Dessin à la gouache.

835 AD. BRAUWER. Un homme endormi.

ÉCOLE HOLLANDAISE.

836 J. ASSELYN. Dessin d'une jolie composition, bien conservé.

837 LUD. BACKHUYSEN. Marine. — Lavée à l'encre de Chine et au bistre. — Ce dessin a été gravé.

838 J. BOTH. Paysage. — Lavé à l'encre de Chine.

839 *Idem.* Paysage à la plume.

840 CORN. BEGA. Homme et femme dansant. — Dessin lavé à l'encre de Chine.

841 *Idem.* Scène de famille. — Dessin à la sanguine.

842 ANDRÉ BOTH. Jolie composition lavée à l'encre de Chine.

843 NIC. BERGHEM. Pâturage avec figures et animaux; au fond, un paysage. — Très joli dessin à la sanguine, bien conservé.

844 *Idem.* Paysage avec figures et animaux. — Très beau dessin, lavé au bistre et bien conservé.

845 NIC. BERGHEM. Paysage avec figures et animaux. — Dessin à la sanguine, très fini.

846 *Idem.* Un paysage avec plusieurs animaux ; on voit une femme qui trait une chèvre ; au fond, une cloison. — Dessin à la sanguine.

847 *Idem.* (*Attribué à*) Un pâtre avec moutons et chèvres. — Paysage lavé à l'encre de Chine, signé et portant la date de 1656.

848 A. BLOEMAERT. Adoration des bergers. — Dessin à la plume et lavé au bistre.

849 ALBERT CUYP. Animaux au repos. — Dessin avec figures; au fond, un paysage d'une charmante composition. Très bien conservé; au crayon rouge.

850 *Idem.* Deux vaches couchées sur le bord d'une rivière. — Dessin lavé au bistre et à l'encre de Chine, rehaussé de blanc.

851 *Idem.* Marine. — A la plume.

852 KAREL DUJARDIN. Mulet et muletiers. — Dessin à la sanguine.

852 bis. *Idem.* Paysage. — Lavé à l'encre de Chine.

853 SIMON DE VLIEGER. Marine. — Lavée à l'encre de Chine.

854 CORN. DUSART. Un charlatan offrant des drogues aux gens qui l'entourent. — Dessin à la plume, lavé à l'encre de Chine.

855 ARTHUR VAN DER NEER et PAUL POTTER. Deux dessins sur une feuille. — Un très joli clair de lune et une étude de vache.

856 LUC. DE LEYDE. Grande composition lavée au bistre. — Ce dessin a été gravé, au burin et à l'eau-forte, par l'auteur.

857 J.-M. MOLENAER. Une femme accompagnant sur le violon des paysans qui chantent. — Beau dessin, au crayon noir, relevé de blanc.

858 ISAAC VAN OSTADE. Un paysan vient de tuer un porc étendu sur une échelle; d'autres personnages s'occupent à le nettoyer.

859 AD. VAN OSTADE. Un intérieur, avec figures et accessoires. — Dessin à la mine de plomb; manière rare de ce maître. — Collection Nieuhoff.

860 JEAN VAN HUYSUM. Paysage d'une grande étendue, avec figures. — Lavé au bistre.

861 *Idem.* Paysage arcadique. — Dessin colorié et très fini; l'un des plus beaux de ce maître.

862 ADRIEN VAN OSTADE. Le Jeu de Boule. — Grande composition, dessinée à la plume et lavée d'encre de Chine. Ce dessin est l'un des plus importants de ce maître; il est très bien conservé.

863 ROLLAND ROGMAN. Un tronc d'arbre renversé; dans le fond, un paysage. — Dessin exécuté dans la grande manière particulière à ce maître. — Lavé à l'encre et au bistre.

864 *Idem.* Paysage avec figures. — Au lavis d'encre de Chine.

865 J.-N. RIETSCHOFF. Marine. — Dessin lavé à l'encre de Chine.

866 J.-C. SCHOTEL. Marine. — Dessin à l'aquarelle.

867 G. VERSCHURING. Vue d'une ville. — Dessin avec figures, lavé à l'encre de Chine.

868 JEAN VAN HUYSUM. Charmant petit bouquet de fleurs variées, très soigneusement colorié et d'une parfaite conservation. — Les dessins de ce maître, traités de cette manière, sont excessivement rares.

869 PH. WOUVERMANS. Étude d'homme à cheval, vu de dos. — Dessin lavé à l'encre de Chine.

870 GUILLAUME VAN DE VELDE, *le Jeune.* Le calme. — Marine dessinée à l'encre de Chine. Ce dessin a servi d'étude pour le tableau peint par G. Van de Velde, le Jeune.

871 *Idem.* Marine. Calme plat, avec une quantité de bâtiments en vue. — Dessin des mieux conservés et de la plus belle manière de ce célèbre peintre; lavé à l'encre.

872 J. VAN DER LANEN. Une réunion joyeuse. — Dessin à l'aquarelle.

873 SIMON VAN DER DOES. L'Annonciation aux bergers. — Dessin à la sépia, relevé de blanc.

874 *Idem.* Groupe de moutons. — Dessin à la pierre d'Italie.

875 DAVID KONING. Les Buveurs. — Dessin à la grosse plume, et légèrement lavé d'encre de Chine; dans la manière de Rembrandt.

876 PH. WOUVERMANS. Plusieurs études de chevaux et de cavaliers. — Dessin lavé à l'encre.

877 REMBRANDT. Le Christ au milieu des docteurs. — Dessin à la plume de roseau, légèrement lavé au bistre.

878 *Idem.* Autre dessin, exécuté de la même manière.

879 *Idem.* Ruth et Booz. Figures avec un fond de paysage; lavé à la pierre d'Italie et un peu colorié. — Dessin hors ligne.

880 ADRIEN VAN DE VELDE. Paysage, Un pâtre et des animaux. — Très joli dessin.

881 *Idem.* Marche d'animaux. — Dessin lavé à la pierre d'Italie.

882 GUILLAUME VAN DE VELDE, *le Jeune.* Marine; eau légèrement agitée. — Dessin à l'encre de Chine.

883 J. MOUCHERON. Paysage arcadique. — Délicatement lavé et colorié.

884 CORN. SAFTLEVEN. L'Annonciation aux bergers. — Dessin lavé à l'encre; l'un des plus beaux de ce maître, dont il porte le monogramme.

885 JEAN STEEN. Élève de J. Van Goyen, Jean Steen, déjà célèbre, vient demander en mariage la fille de

son maître. L'artiste s'est représenté auprès de sa jeune fiancée. — Dessin au crayon rouge.

886 JEAN STEEN. Tête d'étude, exécutée pour son tableau, les *Noces de Cana*, qui se trouve dans la galerie du duc d'Aremberg, à Bruxelles. — Lavé à la pierre d'Italie.

887 J. RODE. Marine : mer agitée, avec plusieurs bâtiments toutes voiles dehors. — Dessin soigneusement lavé à l'encre de Chine.

888 A. RADEMAKER. Deux jolis petits dessins à la gouache sur la même feuille.

889 *Idem.* Vue d'un village baigné par une rivière, sur laquelle on voit plusieurs embarcations. — Dessin spirituellement traité et lavé à l'encre de Chine.

890 PAUL POTTER. Pâturage avec animaux et figures. — Lavé en couleurs. Ce dessin est peut-être l'un des seuls que l'auteur ait exécutés de cette manière.

891 J. VAN OSTADE. Paysage avec baraque et figures. — Lavé à la pierre d'Italie et relevé de blanc.

892 ART. VAN DER NEER. Clair de lune : un village au bord d'une rivière, animée de bâtiments sous voiles. — Dessin lavé à l'encre de Chine.

893 *Idem.* Effet de jour : mer calme avec bâtiments. — Lavé à l'encre de Chine.

894 *Idem.* Beau dessin représentant un marché au bétail dans un village hollandais. — Lavé à la pierre d'Italie, relevé de blanc.

895 JEAN WYNANTS. Paysage accidenté, pris dans la Gueldre. — Lavé à l'encre de Chine.

896 M. HOBBEMA. Paysage d'un effet charmant. — Lavé à l'encre.

897 *Idem.* Paysage d'un joli sentiment. — Au crayon noir, relevé de blanc.

898 J. LIEVENS. Paysage avec figures. — A la plume et à la sépia : grande manière.

899 CH. LAFARGUE. Vue d'un village, avec un moulin à eau. — Dessin lavé en couleurs.

900 A. SCHOUMAN. Deux dessins sur la même feuille ; ils représentent des plantes et diverses espèces de volatiles. — A l'aquarelle.

901 J. WYCK. Vue prise sur le Rhin. — Lavé à l'encre.

902 G. DOUDYNS. Trois dessins sur une feuille. — A la plume et au bistre.

903 A. HOUBRAKEN. Frontispice d'un livre. — Au crayon rouge.

904 GASPARD NETSCHER. Portrait de femme. — Lavé à la pierre noire, relevé de blanc.

905 FRANS MIERIS. La chaste Suzanne surprise par les vieillards. — Dessin à la mine de plomb sur parchemin.

906 G. DOUDYNS. Grande composition. — Lavé au bistre.

907 G. VAN DEN ECKHOUT. Le Christ avec les docteurs ; — la Femme adultère. — Deux dessins sur la même feuille.

908 J. VAN OSTADE. Délassements champêtres. — Dessin à la pierre d'Italie, légèrement lavé et relevé de blanc.

909 LUC. DE LEYDE. Scène de décapitation. — Dessin enrichi d'un grand nombre de figures, légèrement lavé à la pierre d'Italie.

910 A. VAN MONTFORT (dit *Blockland*). L'Annonciation aux bergers — A la plume, légèrement bistré.

911 H. GOLTZIUS. Loth et ses filles. — Dessin à la plume ; manière de gravure.

912 *Idem*. Saint Jean prêchant dans le désert. — Dessin lavé à l'encre brune et relevé de blanc.

913 AB. BLOEMAERT. Son portrait par lui-même. — Aux trois crayons.

914 REMBRANDT. Les disciples d'Emmaüs. — Beau dessin à la grosse plume, fortement bistré; très bien conservé.

915 A. BOTH. Rixe de paysans. — A la plume et au bistre.

916 Idem. Deux sujets différents sur la même feuille. — A la plume et lavés à l'encre.

917 Idem. ET J. BOTH. Trois sujets différents sur la même feuille

918 OVENS, ANDRÉ BOTH ET F. VAN MIERIS. Deux portraits et un sujet champêtre; trois dessins. — Les deux portraits sont sur parchemin.

919 P. DE HOOGHE ET C. SAFTLEVEN. Trois dessins : un Homme, la tête appuyée dans sa main, et une Femme récurant, par P. de Hooge ; — un Fumeur, par C. Saftleven.

920 FERD. BOL. Saint Jérôme dans le désert. — Dessin lavé à la pierre noire.

921 Idem. L'Enfant Jésus présenté au peuple. — Dessin à la plume et lavé à l'encre.

922 GAB. METZU. Femme marchant et tenant un pot à la main. — Dessin à la pierre d'Italie, relevé de blanc, sur papier gris.

923 PH. KONING. Deux hommes : l'un tient à la main une feuille de papier, et l'autre un vase. — Dessin à la plume, manière de Rembrandt.

924 L. BRAMER. Plusieurs personnages devant une table; ils sont occupés à compter de l'argent. — Dessin à la pierre d'Italie, relevé de blanc au pinceau.

925 G. TERBURG. Un homme assis et blessé à la jambe.

926 J. BERCKHEYDEN. Un homme appuyé sur une table. — Dessin à la pierre d'Italie.

927 J. LUYCKEN. Deux dessins sur une feuille. Sujets de l'Ancien Testament. — Au crayon rouge.

928 AR. DE GELDER. Grande composition. — A la plume et au lavis.
929 J. WEENINX. Femme auprès d'une corbeille de fruits, entourée d'enfants. — Dessin à la craie et au crayon rouge.
930 NIC. MOYAERT. Dessin représentant un grand nombre de figures et des bâtiments au fond. — A la plume, légèrement lavé.
931 PALEMEDE STEVENS. Un corps de garde; figures. Au crayon noir et au lavis.
932 AD. VAN OSTADE. La Fileuse (*Bartsch*, tome Ier, n° 31). — Beau dessin, avec figures et animaux; au crayon rouge. C'est probablement ce dessin qui a servi pour la gravure.
933 *Idem.* Buveurs et fumeurs. — Dessin à la plume et au pinceau.
934 *Idem.* Joyeuse assemblée de paysans. — Dessin exécuté de la même manière que celui ci-dessus.
935 *Idem.* Le même sujet, différemment traité. — A la plume et au pinceau.
936 *Idem.* Trois petits dessins sur la même feuille. — A l'aquarelle.
937 G. VAN EECKHOUT. Notre-Seigneur et sainte Marthe. — Dessin lavé à l'encre et relevé de blanc.
938 C. BEGA, J. STEEN et P. VAN SLINGELAND. Trois dessins sur la même feuille, différemment traités.
939 BARTH. BREEMBERG. Beau dessin à la plume et au lavis, représentant une marche d'hommes de guerre.
940 P. LELY. Beau portrait d'homme en pied. — Au crayon noir, relevé de blanc.
941 *Idem.* Portrait d'homme. — Aux trois crayons.
942 J. OSSENBEEK. Un port de mer : plusieurs personnages se promènent sur le quai. — Dessin à la plume.

943 H. VERSCHURING. Un marché public. — Dessin à l'encre et au lavis.

944 CORN. BEGA. Intérieur rustique, avec plusieurs figures. — A la plume et au lavis.

945 *Idem*. Homme assis. — Dessin au crayon noir, relevé de blanc.

946 *Idem*. Homme et femme en goguette. — Dessin lavé à la pierre d'Italie.

947 G. FLINCK. Homme représenté debout. — A la pierre d'Italie, relevé de blanc.

948 G. VAN INGEN. Allocution au peuple. — Dessin à la plume et au lavis.

949 J. STEEN. Homme représenté assis. — Dessin au crayon noir et relevé de blanc.

950 GASP. NETSCHER. Portrait de femme. — Dessin à la pierre d'Italie, relevé de blanc.

951 AD. VAN DER WERFF. Vénus endormie, surprise par deux satyres. — Dessin sur fond teinté d'indigo, au crayon rougeâtre.

952 NIC. MAES. Sujet de fantaisie. — A la plume; légèrement lavé.

953 GUILLAUME VAN MIERIS. Nymphe endormie, surprise par Endymion. — Dessin à la craie noire.

954 CORN. DUSART. Trois dessins sur la même feuille : têtes d'expression à l'aquarelle.

955 *Idem*. Paysans à table. — Dessin à la plume, lavé à l'encre de Chine.

956 BERN. PICART. Vénus endormie, épiée par un faune. — Dessin lavé au bistre et relevé de blanc au pinceau.

957 J. SCHOREL. Sujet rustique. — Lavé au bistre.

958 J.-F. DE VRIES. Un riche palais; on voit dans le fond un paysage. — Dessin à la plume.

959 J. PARCELLES et J. VAN GOYEN. Deux paysages. — A la craie noire.

960 HERMAN SAFTLEVEN. Paysage. Vue prise sur le Rhin. — Dessin à la pierre noire et rouge.

961 *Idem.* Un autre paysage. — A la pierre d'Italie.

962 AND. BOTH. Un port de mer. — Grande et riche composition, un peu lavée à l'encre de Chine.

963 ART. VAN DER NEER. Clair de lune. — Dessin à la plume et au lavis.

964 P. DE LAAR. Scène champêtre. — Dessin à l'encre noire.

965 HERMAN SWANEVELT. Paysage. Coup de vent. — Dessin à la plume et au bistre.

966 B. BREEMBERG. Vue de Ponte-Mollo, près Rome. — Dessin à la plume et lavé.

966 bis *Idem.* Vue du château Saint-Ange, à Rome. — A la plume et au lavis.

967 PH. WOUVERMANS. Départ pour la chasse. — Joli croquis au trait de plume.

968 AD. PYNACKER. Paysage agreste. — A la plume et au lavis.

969 JAC. ET JEAN VAN HUYSUM ET AD. PYNACKER. Trois paysages sur la même feuille.

970 VALENTIN CLOTZ. Joli paysage. — A la mine de plomb.

971 *Idem.* Deux paysages à l'encre noire, sur la même feuille.

972 G. SCHELLINGS. Paysage avec bâtiments. — A la pierre noire.

973 G. DE HEUSCH. Paysage avec ruines. — Lavé à l'encre de Chine.

974 J. VAN KESSEL. Paysage avec bâtiments. — Au crayon, relevé de blanc.

975 A. CUYP ET P. MOLYN. Trois dessins sur une feuille.

976 AD. VAN DE VELDE. Paysage ; animaux à l'abreuvoir. — A la plume, légèrement lavé.

977 AD. VAN DE VELDE. Pâturage avec plusieurs animaux; au fond, un paysage. — A la plume, légèrement lavé; dessin original et bien conservé.

978 *Idem.* Paysage avec plusieurs cavaliers. — D'une plume très hardie et spirituelle.

979 BARGAS. Récréation champêtre. — A la plume.

980 J. LECLERCQ. L'hiver : patineurs et traîneaux.

981 P. LASTMAN. Une plage, avec plusieurs figures. — A la plume.

982 J. VAN DER HAGEN. Un paysage, dans lequel on voit un beau monument surmonté d'un dôme. — Dessin à la pierre et au lavis.

983 E. VAN HEMSKERKEN. Dans une chambre, un malade alité est entouré d'un prêtre et de parents éplorés. — Lavé à l'encre de Chine.

984 *Idem.* Scène burlesque. — Au lavis d'encre de Chine.

985 REMBRANDT. Trois dessins sur la même feuille; chacun représentant une figure différemment posée. — Dessins à la grosse plume.

986 *Idem.* Trois dessins sur la même feuille; sujets différents, spirituellement traités à la plume et au lavis.

987 ALB. CUYP. Paysage, avec quelques cabanes au fond; plusieurs personnages se livrent à différentes occupations. — Lavé au bistre.

988 A. VAN DER TEMPEL et J. MATHAN. Deux têtes au crayon rouge, et une figure à la plume.

989 AB. BLOEMAERT. Cinq dessins sur une feuille; sujets divers. — Au bistre et à l'encre.

990 *Idem.* Saint Jean prêchant dans le désert. — Lavé au bistre.

991 THIERRY CRABETH. Grand dessin qui a servi à l'exécution de l'un des vitraux de Gouda. — A la plume et lavé.

992 Frères CRABETH. Sujet pour un des vitraux de Gouda. — A la plume.

993 *Idem.* Autre sujet, composé pour le même objet et exécuté de la même manière.

994 H.-C. VROOM. Jolie petite marine. — Lavé en couleurs.

995 CORN. POELENBURG. Paysage avec ruine. — Lavé à l'encre de Chine.

996 J. VAN GOYEN. Vue d'un canal en Hollande. — Spirituellement lavé à l'encre.

997 *Idem.* Un village traversé par une rivière sur laquelle on voit plusieurs embarcations. — Lavé à l'encre de Chine.

998 *Idem.* Deux sujets différents sur une feuille. — A l'encre de Chine.

999 *Idem.* Deux sujets différents, lavés à l'encre de Chine.

1000 E. VAN DE VELDE. Paysage avec un pont et des ruines. — A la plume et au lavis.

1001 VAN CAMPEN (dit *le Muet*). Marine, avec quelques bateaux et un village dans le fond. — Dessin colorié.

1002 T. WYNANTS. Paysage. — Lavé à l'encre de Chine.

1003 *Idem.* Et G. SCHELLINGS. Deux paysages sur la même feuille. — Au lavis.

1004 C. VAN WIERINGEN. Paysage avec des ruines et quelques bâtiments dans le fond. — A la plume.

1005 HERMAN SWANEVELT et ROGMAN. Deux paysages sur la même feuille. — Au lavis.

1006 REMBRANDT. Paysage. Cabane sur le bord de l'eau. — Dessin à la plume, bien lavé au bistre. Rare.

1007 A. CUYP. Une prise aux environs de Dordrecht, en Hollande. — Dessin spirituellement exécuté à la craie noire.

1008   A. CUYP (ou *Benjamin*).   Occupations rustiques. — Dessin lavé au bistre.

1009   *Idem.*   J. LIEVENS.   Un paysage très boisé. — Dessin à la plume, lavé de bistre.

1010   *Idem.*   Un paysage avec des ruines. — Dessin à la plume grasse, lavé au bistre.

1011   CORN. SAFTLEVEN.   Paysage dans lequel on voit un château. — Dessin à la pierre d'Italie, un peu lavé.

1012   *Idem.*   Jeune garçon caressant deux chiens lévriers. — Dessin aux trois crayons.

1013   THIERRY STOOP.   Un cheval attaché à un poteau; à côté, un chien couché. — Dessin à la plume, un peu lavé à l'encre.

1014   ISAAC VAN OSTADE.   Un paysage dans lequel on voit une cabane et des figures. — Dessin lavé à l'encre, légèrement colorié.

1015   JEAN ASSELYN.   Bâtiments et ruines. Vue prise en Italie. — Dessin lavé à l'encre.

1016   *Idem.*   Un paysage. — Lavé au pinceau et à l'encre.

1017   *Idem.*   Un paysage, dans lequel on voit des bestiaux. — Dessin au pinceau et à l'encre de Chine.

1018   HERM. SWANEVELT.   Grand et beau paysage : vue prise en Italie; animé d'une quantité de figures et de monuments. — Dessin à la plume et au lavis.

1019   *Id.* (*Attribué à*).   Ruines de bâtiments, avec paysage. — Au lavis.

1020   AND. BOTH.   Vue prise dans la campagne de Rome. — Dessin lavé à l'encre de Chine, et retouché à la plume.

1021   J. BOTH.   Paysage avec figures; vue prise en Italie. — Au lavis et à la plume.

1022   *Idem.*   Paysage avec figures. — Dessin à la plume, et au bistre.

1023 SIMON DE VLIEGER. Un beau bouquet d'arbres. — Dessin au lavis de pierre d'Italie.

1024 RENIER ZEEMAN. Un port de mer en Hollande. — Dessin à la plume, lavé de bistre.

1025 TH. WYCK. Belle étude faite en Italie. — Lavée à l'encre.

1026 Idem. Une Étude, enrichie de figures. — Dessin lavé au bistre.

1027 ANT. WATERLOO. Grand et beau paysage, très boisé. — Dessin à la pierre d'Italie, légèrement lavé.

1028 Idem. Un autre grand et beau paysage, traité de la même manière.

1029 A. VAN EVERDINGEN. Paysage; site montagneux, avec figures. — Dessin en couleurs.

1030 Idem. Trois petits paysages sur la même feuille.

1031 B. BREEMBERG. Un paysage accidenté. — Dessin à la plume et au lavis.

1032 Idem. Un vieux château au pied d'une colline. — Dessin à la plume et lavé à l'encre de Chine.

1033 Idem. Joli petit paysage, fait avec beaucoup de sentiment et d'esprit. — Dessin lavé au bistre.

1034 PH. WOUVERMANS. Un carrosse attelé de deux chevaux, un homme à cheval et une barque montée de pêcheurs. — Dessin à la sanguine.

1035 SIMON VAN DER DOES. Troupeau de moutons. — Dessin à la pierre noire, relevée de blanc.

1036 Idem. Plusieurs moutons près d'une fontaine; dans le fond, un paysage. — Dessin à la plume, lavé au bistre et à l'encre.

1037 Idem. Trois dessins sur la même feuille; études d'animaux. — Au crayon rouge.

1038 J.-B. WEENINX. Un homme à cheval, près d'un abreuvoir; dans le fond, un paysage avec des ruines et une pyramide. — Dessin lavé au bistre.

1039 J.-M. MOLENAER. Joli paysage avec bâtiments. — A la plume et au lavis.

1040 J. VAN AKEN. Paysage; vue prise sur le Rhin. — Dessin à la plume et lavé.

1041 NICOLAS BERGHEM. Trois études sur la même feuille.

1042 *Idem.* Étude représentant une ruine et diverses figures. — Dessin au crayon rouge.

1043 *Idem.* Paysage avec figures et animaux. — Lavé à l'encre de Chine.

1044 RICHARD BRAKENBURG. Port de mer animé d'une quantité de figures; dans le fond, plusieurs bâtiments. — Dessin lavé à l'encre.

1045 AD. PYNACKER. Paysage. Montagnes et bâtiments. — Dessin lavé au bistre.

1046 AD. VAN DER CABEL. Paysage agreste et accidenté; figures et bâtiments. — Dessin à la plume et lavé au bistre.

1047 *Idem.* Vue d'un port de mer avec plusieurs embarcations; on voit une ville au fond. — A la plume et au bistre.

1048 J. KOBELL. Plage en Hollande, animée de plusieurs figures et d'embarcations. — Dessin au pinceau, lavé à l'encre d'Italie.

1049 HERMAN VAN BRUSSEL. — Paysage. Figures d'animaux. — Dessin à la plume et au lavis.

1050 B.-H. THIER. Un paysage : figures et animaux. — Dessin à la plume, lavé au bistre.

1051 J. DE WITTE. Paysage. — A la plume et au bistre.

1052 J. VAN HUCHTENBURG. Une bataille. — Joli dessin spirituellement fait à la plume, lavé à l'encre de Chine.

1053 THIERRY DALENS. Paysage traversé par une rivière. — Dessin à la plume et au lavis.

1054 MICHEL CARRÉ. Paysage, figures et animaux. — Dessin à l'encre de Chine, relevé de blanc.

1055 J. VAN DER HAGEN. Beau paysage. — A la gouache.

1056 Idem. Paysage. — Largement traité à la plume, lavé et relevé de blanc au pinceau.

1057 DOMER. Vue prise dans les environs de Nantes.— Joli dessin, bien lavé en couleurs.

1058 JEAN VAN HUYSUM et J. VAN DE CAPELLE. Trois dessins sur la même feuille. — Deux paysages et une petite marine.

1059 J. VAN DE CAPELLE. Marine. — Lavée à l'encre de Chine.

1060 J. VAN OS. Animaux dans un paysage. — Dessin lavé à l'encre.

1061 J. VAN HUYSUM. Grand paysage arcadique. — Lavé au bistre et à l'encre.

1062 Idem. Autre paysage. — A la plume et au pinceau, un peu lavé à l'encre.

1063 Idem. Autre paysage — Traité de la même manière que les deux précédents.

1064 LAP et G. SCHELLINGS. Deux paysages. — Au lavis d'encre, sur la même feuille.

1065 THIERRY MAES. Chasse au cerf.—A l'aquarelle.

1066 W. VITRINGA. Marine. — Dessin lavé en couleurs.

1067 Idem. Marine. — A l'encre de Chine.

1068 J. VAN DER MEER, le Jeune. Étude de chèvres.— Au crayon rouge.

1069 Idem. Paysage. — A la plume et au lavis.

1070 Idem. Paysage avec figures et animaux. — Lavé à l'encre.

1071 J.-N. RIETSCHOFF. Marine. — Lavée à l'encre.

1072 Idem. Marine. — Au pinceau et à l'encre de Chine.

1073 J. VAN KESSEL. Paysage. Un moulin à vent et diverses figures. — Dessin lavé à l'encre.

1074 F. VAN DER ULFT. Trois dessins sur la même feuille. Divers bâtiments. — Dessins lavés au bistre et à l'encre de Chine.

1075 Idem. Un palais. — Dessin orné de figures, lavé à l'encre.

1076 Idem. Vue d'un palais somptueux. On voit un personnage sur le premier plan. — Dessin supérieurement bien lavé au bistre.

1077 J.-C. HAAG. Le marché aux chevaux. — Lavé à l'encre.

1078 DEN UYL. Deux paysages sur une feuille. — Dessins à la plume, lavés de bistre.

1079 J. MOUCHERON. Deux paysages sur la même feuille. — A la plume et au lavis.

1080 Idem. Fragments d'un palais, faits pour être réunis au besoin; avec figures en couleurs. — Deux très jolis dessins.

1081 Idem. Grand paysage, avec palais et jardins. — Belle esquisse à la plume, légèrement lavée d'encre de Chine.

1082 A. VERBOOM. Un paysage avec quelques cabanes. — Dessin lavé au bistre.

1083 GILLES NEYTS. Trois jolis petits paysages très fins sur la même feuille. — A la plume et lavés.

1084 ABRAHAM STORCK. Vue d'un port de mer. — Dessin lavé à l'encre.

1085 F. VAN SCHALKE. Paysage. Une rivière et un village. — Dessin lavé à l'encre.

1086 A. VAN BEIRENSTRATEN. Une plage; diverses figures et des bâtiments. — Dessin lavé à l'encre.

1087 A. CASENBROODT. Deux paysages sur la même feuille. — Lavés à l'encre.

1088 J. WEENINX fils. Apollon attirant les animaux par les accords mélodieux de sa lyre.

1089 Idem. Un paysage énergiquement esquissé. — A la plume et lavé.

1090 G. VAN DEN ECKHOUT et SALOMON RUYSDAEL. Deux très jolis petits paysages sur la même feuille. — A la plume et légèrement lavés.

1091 H. MOMMERS, S. RUYSDAEL et G. NEYTS. Trois paysages sur la même feuille. — A la plume et au lavis.

1092 S. RUYSDAEL. Le bord de l'eau. — Paysage à la plume et lavé.

1093 JACQUES RUYSDAEL. Trois paysages sur la même feuille. — A la plume et lavés.

1094 BARENT GAAL. Paysage avec diverses figures et une cabane. — Dessin lavé à l'encre.

1095 J. GRIFFIER. Vues du Rhin. Deux paysages sur une feuille. — Légèrement lavés.

1096 ALBERT MEYERINK. Paysage. — A la plume et au lavis d'encre.

1097 G. VAN ROMYN. — Paysage. Un village au bord de l'eau. — Dessin orné d'un grand nombre de figures.

1098 KONING. Paysage. — Lavé à l'encre de Chine.

1099 VERMAN, KAREL DUJARDIN et D. DALENS. Trois paysages. — Lavés à l'encre de Chine.

1100 KAREL DUJARDIN. Trois études. — Au crayon rouge et à la plume.

1101 AD. VAN DE VELDE. Animaux avec un pâtre dans une prairie. — Dessin à la pierre d'Italie, lavé et estompé au bistre et à l'encre de Chine.

1102 *Idem*. Un port de mer. — Dessin lavé à l'encre de Chine.

1103 *Idem*. Tête de mouton. — Belle étude à la pierre d'Italie, relevée de blanc.

1104 D. SCHELLINGS. Paysage. — A la pierre d'Italie.

1105 G. VAN DE VELDE *Jeune*. Deux petites études de bâtiments de guerre. — Légèrement lavées.

1106 *Idem*. Une petite marine. — Lavée à l'encre.

1107 L. BACKHUYSEN. Trois petites études sur la même feuille.

1108 *Anonyme.* Trois petites études sur la même feuille.

1109 G. VAN DE VELDE *Jeune.* Marine, plusieurs bâtiments composant une flottille en vue. — Dessin légèrement lavé à l'encre.

1110 *Idem (attribué à).* Le calme ; marine bien traitée. — Lavée à l'encre.

1111 G. VAN DE VELDE *Père.* Marine : plusieurs vaisseaux de guerre. — Dessin d'une plume très hardie.

1112 L. BACKHUYSEN. Un fort coup de vent. Marine. — Lavée à l'encre de Chine.

1113 *Idem.* Une autre marine. Sujet analogue au précédent.

1114 L. LINGELBACH. Vue partielle d'un port de mer dans le Levant. — Dessin lavé à l'encre.

1115 *Idem.* Un port de mer ; on voit une ville et un château. — Lavé à l'encre.

1116 F. VAN DER HEYDEN. Trois jolies vues sur la même feuille.

1117 G. DE HEUSCH. Paysage avec figures ; fond accidenté. — Dessin à la plume et lavé d'encre.

1118 P. MOLYN. Deux paysages. — A la pierre d'Italie.

1119 F. VAN OS. Deux dessins : animaux et paysage. — Lavés à l'encre de Chine.

1120 *Idem.* Bestiaux dans une prairie. — Jolie gouache.

1121 LAFARGUE et VERBOOM. Trois paysages différemment traités.

1122 J. DE GRAVE et S. RUYSDAEL. Trois paysages différemment traités.

1123 J. ESSELENS. Vue prise sur les bords du Rhin. — Paysage traité dans le style de Rembrandt. — A la plume et lavé.

1124   J. DE WITTE.   Sept études différentes sur la même feuille.
1125   C. PRONCK.   Portrait d'homme. — Au crayon noir.
1126   REYNIER BRAKENBURG.   Plusieurs paysans en joyeuse humeur. — Dessin lavé à la plume.
1127   P. TANGÉ.   Composition allégorique; plusieurs enfants. — Traitée en bas-relief.
1128   J. XAVERY.   Animaux au pâturage. — Lavé en couleurs.
1129   THOMAS VERRYCK.   Un village en Hollande. — Traité dans la manière de J. Van Der Heyden et lavé en couleurs.
1130   H. MEYER et B. THIER.   Deux paysages. — Lavés à l'encre.
1131   J. VAN DER ULFT   Un riche palais. — Dessin orné d'une quantité de figures, très bien lavé à l'encre.
1132   FRANS FERG.   Paysage; on voit, au premier plan, plusieurs animaux et quelques figures. — Dessin à la gouache.
1133   AB. BLOEMAERT.   Jésus et la Samaritaine. — Dessin délicatement lavé au bistre.
1134   C. CORT.   Saint Jérôme dans le désert. — Dessin à la plume, lavé de bistre.

ÉCOLE ESPAGNOLE.

1135   B.-E. MURILLO.   Étude d'homme, représenté assis; faite d'une grande manière. — Estompée à la craie rouge.
1136   *Idem.*   Saint François en extase. — Dessin au crayon rouge, sur papier gris.

1137 B.-E. MURILLO. Deux figures agenouillées. — Dessin à la craie noire, relevé de blanc.

1138 *Idem.* Saint François en méditation, la tête appuyée dans sa main. — Dessin aux trois crayons, sur papier à fond gris.

1139 CLAUDIO COELLO. Notre-Seigneur apparaissant aux saintes femmes. — Dessin à la plume, lavé au pinceau, d'encre de Chine et de blanc.

1140 FÉLIX CASTELLO. Marche de guerriers; dans le fond, on voit une forteresse. — Dessin à la plume et au lavis.

1141 ASENSIO. Une sainte dans une gloire d'anges. — Lavé au bistre.

1142 F. COLLANTES. Jolie composition. — A la plume, lavée de bistre.

1143 J. DE CASTILLO, AUG. DE CASTILLO et D. VELASQUEZ. Trois dessins sur la même feuille.

1144 DON DIEGO VELASQUEZ, F. SOLIS et VINCENT CARDUCCHO. Trois jolis dessins différemment traités.

1145 *Idem.* Portrait d'homme. — Dessin à la craie noire, un peu relevé de rouge.

1146 CHRISTOPHE PACHECO. Une sainte dans l'attitude de la prière. — Dessin délicatement lavé de bistre et relevé de blanc.

1147 F. BERRERA et ALONZO CANO. Trois dessins sur la même feuille. — Deux bustes de femmes, à la plume, fortement bistrés; — une Madeleine.

1148 ANT. DE PEREDA. Une femme couchée dans une prison et visitée par des moines. — Esquisse d'une grande manière, au pinceau, lavée d'encre noire.

1149 ALONZO CANO, J.-C. FUENTES et F. ZURBARAN. Trois dessins : Saint François dans l'attitude du ravissement; l'expression de la figure est admirable. — A la plume, lavé au bistre. — Les deux autres sont de très bons dessins.

1150 F. ZURBARAN. Un moine lisant dans un livre ouvert devant lui. — Dessin très fini, lavé au bistre, sur papier à fond bistré.

1151 *Idem*. Une Ascension de la Vierge, entourée de chérubins; au bas, trois moines en contemplation. — Lavé à l'encre et relevé de blanc. Dessin superbe.

1152 *Idem*. Prométhée dévoré par un vautour. — Dessin d'un grand effet, à la plume et au lavis d'encre de Chine.

1153 JOS. RIBERA. Le martyre de saint Barthélemy. — Au pinceau, lavé de bistre et relevé de blanc. Très beau dessin achevé.

1154 *Idem*. Notre-Seigneur avec les docteurs. — Dessin savamment exécuté à la plume.

1155 *Trois dessins de maîtres inconnus*. Très jolis, surtout celui du milieu, qui porte les marques de trois collections célèbres.

1156 PAUL DE CESPEDES. La Vierge avec l'enfant Jésus et saint François. — Dessin à la plume, largement lavé au bistre.

1157 JEAN DE JOANES. La Vierge tenant l'enfant Jésus sur ses genoux; derrière elle, sainte Élisabeth apparaissant à saint Jean. — Plume et lavis.

1158 LOUIS DE MORALES. Deux religieuses en adoration devant Notre-Seigneur, qui apparaît sur un nuage. — Au crayon rouge.

1159 LOUIS DE VARGAS. Une femme tenant en mains les attributs de la Justice. — Dessin au pinceau, bistré et relevé de blanc.

1160 *Idem*. L'Assomption de la Vierge. — Au crayon rouge.

1161 JEAN DE LA ROELAS. Dessin qui a servi pour son tableau du *Jugement dernier*. — Lavé à l'encre et relevé de blanc.

1162 F. HERRERA. Un baptême. — Dessin à la plume, un peu lavé d'encre de Chine.

1163 PEDRO ORENTE. L'Assomption de la Vierge, avec l'enfant Jésus dans une gloire d'anges. — A la plume, lavé d'encre et relevé de blanc.

1164 JOS. RIBERA. Saint François en contemplation. Tête d'étude. — Au crayon rouge.

ÉCOLE FRANÇAISE.

1165 NICOLAS POUSSIN. Une frise, composée d'enfants. — A la plume, délicatement lavée au bistre.

1166 Idem. Dessin d'après l'antique. — A la pierre d'Italie, sur papier fond gris.

1167 Idem. Frontispice d'un livre. — A la plume, lavé d'encre bleue.

1168 Idem. Grand paysage ; chasse au sanglier. — Au pinceau et au bistre.

1169 Idem. Belle et grande composition. — A la plume, légèrement lavé.

1170 Idem. Sujet mythologique. — A la plume, lavé à l'encre de Chine.

1171 Idem. Petit paysage. — Faiblement lavé au bistre.

1172 Idem. Étude pour le tableau : *les Bergers d'Arcadie*. — A la plume et au bistre.

1173 Idem. Un château en Italie. Paysage. — Au pinceau et au bistre.

1174 Idem. Études d'hommes. — Au crayon rouge.

1175 NICOLAS POUSSIN. Belle composition. — A la plume, légèrement bistrée.

1176 *Idem.* Saint Jean prêchant dans le désert. — A la plume et au bistre.

1177 CLAUDE GELÉE (dit *Claude Lorrain*). Paysage accidenté, avec figures. — A la plume et au bistre.

1178 *Idem.* Fragment d'un grand vaisseau. — Étude au crayon, légèrement lavée de bistre.

1179 *Idem.* Paysage. Vue prise dans la campagne de Rome. — A la plume et au bistre.

1180 *Idem.* Étude de paysage. — A la plume, lavé au bistre et à l'encre.

1181 *Idem.* Une place publique, avec quelques édifices dans le fond. — Dessin à la plume, légèrement lavé.

1182 PIERRE MIGNARD. — Allégorie. — Belle et riche composition, au lavis.

1183 *Idem.* Allégorie. — Dessin à la gouache, relevé de blanc au pinceau.

1184 *Idem.* Composition lavée à la pierre d'Italie.

1185 GASPARD POUSSIN. Grand et beau paysage. — A la gouache.

1186 *Idem.* Paysage avec figures. — A la plume.

1187 *Idem* et CHANCOURTOIS. Deux paysages. — A la plume, lavés à l'encre de Chine et au bistre.

1188 PIERRE PATEL. Paysage avec figures et bâtiments. — A la pierre d'Italie, relevé de blanc.

1189 *Idem.* Paysage avec figures, spirituellement exécuté. — A la plume, et lavé d'encre de Chine.

1190 *Idem.* Paysage avec figures et monuments. — Dessin à la pierre d'Italie, relevé de blanc au pinceau, sur papier blanc.

1191 *Idem.* Petit paysage avec figures. — Très hardiment fait au crayon noir.

1192 JACQUES CALLOT. Petit paysage. — A la plume.

1193 G. PERELLE. Paysage avec bâtiments. — A la plume.

1194 J.-B. COSTE. Paysage avec bâtiments. — A la plume et au bistre.

1195 J. COURTOIS (dit *le Bourguignon*). Une bataille. — Dessin au bistre.

1196 ANT. WATTEAU. Paysage au crayon rouge. — Dessin gravé.

1197 DREVET. Paysage, avec figures et monuments. — Au pinceau, lavé de bistre.

1198 FRANÇOIS BOUCHER. Sujet pastoral. — A la plume, légèrement lavé à l'encre.

1199 *Idem.* Plusieurs animaux dans un paysage. — Au crayon rouge.

1200 L. LEPAON. Une bataille. — Dessin fortement bistré.

1201 CH. LAFOSSE. La Sainte Famille. — Dessin au pinceau, à la pierre d'Italie et au crayon rouge.

1202 BON BOULONGNE. La descente de croix. — Esquisse à la pierre d'Italie.

1203 MICHEL CORNEILLE. Différentes études. — Au crayon rouge.

1204 ANT. RIVALTZ. Un combat. — Dessin à l'encre, relevé de blanc au pinceau.

1205 J.-D. DUGOURE. Scène de révolte. — Au pinceau bistré.

1206 SÉB. BOURDON. Un port de mer en Italie. — Joli dessin, fait à la plume et au lavis.

1207 JACQUES COURTOIS (dit *le Bourguignon*). Une bataille. Grande et riche composition. — A la plume et bistré.

1208 *Idem.* Un bon dessin qui peut faire pendant au précédent.

1209 J.-B. OUDRY. Combat de chiens. — Dessin fait avec une grande énergie. — A la pierre d'Italie et au crayon rouge.

1210 C.-A. DUFRENOY. Beau dessin. — Lavé à l'encre de Chine.

1211 E. LESUEUR. Beau dessin. — A la pierre noire, sur papier grisâtre.

1212 CH. LEBRUN. La mort de Sénèque. Grande et belle composition. — A la plume, lavée de bistre.

1213 P.-A. HENNEQUIN. Beau dessin. — Au crayon noir estompé.

1214 GIRODET-TRIOSON. Beau dessin. — A la plume et au lavis d'encre.

1215 ANDRÉ BOUYS. Allégorie. — A la plume et au lavis de bistre.

1216 F. LEMOINE. Belle et riche composition. — Au crayon noir, relevé de blanc.

1217 *Idem.* Belle composition, traitée comme la précédente.

1218 J. RESTOUT *Père.* Première pensée pour son tableau de *la Présentation au Temple,* qui a été gravé. — Dessin à la pierre noire, un peu relevé de blanc.

1219 P. SUBLEYRAS. Le Christ portant sa croix. — Dessin à la plume et au bistre.

1220 F. BOUCHER. Belle étude d'homme. — A la craie rouge violacée.

1221 *Idem.* Une étude. — Au crayon rouge.

1222 *Idem.* Deux enfants endormis. — Étude au crayon rouge.

1223 J. BLANCHARD. Ascension de la Vierge. — Riche composition à la pierre noire.

1224 LOUIS SYLVESTRE. Jolie esquisse. — Au crayon rouge, un peu relevé de blanc.

1225 C. LAFOSSE. Deux moines. — Dessin aux trois crayons.

1226 P. MIGNARD. Allégorie. — A la plume et au lavis d'encre de Chine.

1227 B. BOULONGNE. Saint Roch parmi les pestiférés. — Dessin au pinceau et au bistre.

1228 LOUIS BOULONGNE, *le Jeune*. Repos en Égypte. — Dessin au crayon noir, relevé de blanc.

1229 M. CORNEILE, *le Jeune*. Esquisse. — A la plume, légèrement ombrée de rouge

1230 A. RIVALTZ. Jolie composition. — A la plume et au bistre.

1231 J. RESTOUT *Père*. Jésus-Christ lavant les pieds à ses apôtres. — Beau dessin à la plume, lavé d'une teinte rougeâtre.

1232 COLIN DE VERMONT. Jolie composition. — Au pinceau bistré et un peu relevé de blanc.

1233 P. PUGET. Belle étude d'apôtre. — A la pierre d'Italie.

1234 C. LEBRUN. Bataille. — Dessin à la plume, légèrement lavé au bistre.

1235 *Idem*. Le Triomphe de Léda. — Très belle composition à la plume et au lavis de bistre.

1236 ÉTIENNE DE LAULNE et N. POUSSIN. Trois dessins sur la même feuille ; deux d'Étienne de Laulne, et l'autre attribué à N. Poussin.

1237 ÉTIENNE DE LAULNE. Un frontispice.

1238 JEAN COUSIN. Sujet allégorique. — Belle composition à la plume, très légèrement lavée au bistre. — Dessin rare.

1239 F. BOUCHER. Frontispice de livre. — Lavé de rouge et relevé de blanc.

1240 E. DU BOIS. Joli dessin. — A la plume et au lavis.

1241 SIMON VOUET. Étude d'apôtre. — Au crayon noir, rehaussé de blanc.

1242 E. LESUEUR. La Charité. — Joli dessin très fini à la sanguine.

1243 E. LESUEUR. Saint Paul prêchant à Éphèse. — Dessin à plusieurs crayons.

1244 P. VOERIOT. Grande bataille. — Dessin à la plume, lavé d'encre de Chine.

1245 CLOUET (dit *Janet*). Tête d'étude. — Au pinceau et au bistre.

1246 J.-B. OUDRY. Nature morte. — Dessin au crayon noir, relevé de blanc.

1247 F. BOUCHER. Paysage. — Aux crayons noir et blanc, sur papier gris.

1248 M. LANTARA. Paysage. — Crayon noir et blanc.

1249 *Idem.* Un autre paysage. — Aux deux crayons.

1250 *Idem.* Paysage. — Aux deux crayons.

1251 LEPRINCE. Un moulin à eau. — Dessin au crayon noir, relevé de blanc.

1252 SAINT-HILAIRE. Joli petit paysage. — A la plume et au bistre.

1253 J.-P. VERDUSSEN. Trois jolis dessins. — A la plume et au lavis.

1254 GUILLAUME (dit *le*). Le Christ au Jardin des Oliviers. — Dessin à la plume et au lavis d'encre.

1255 *École de Fontainebleau.* Beau dessin, lavé à la sanguine.

1256 CLAUDE, peintre sur verre. Composition pour un vitrail. — Lavée à l'encre.

1257 J.-B. CAZES. Bon dessin. — A la pierre d'Italie.

1258 J.-J. DE BOISSIEU. Étude d'homme assis. — Lavé à la pierre d'Italie, légèrement relevé de blanc, sur papier gris.

1259 FRANS CHAUVEAU. Beau dessin. — Au pinceau, lavé de sépia et relevé de blanc.

1260 S. BOURDON. Le Seigneur lavant les pieds à ses apôtres. — Riche composition à la sanguine.

1261 J. LEPAUTRE. Dessin d'une jolie composition. — Lavé à l'encre de Chine.

1262 NIC. LOIR. Allégorie. — Au pinceau, lavé de rouge et relevé de jaune.

1263 NOEL COYPEL. Belle étude au crayon rouge.

1264 LAGRENÉE, le Jeune. Gouache, relevée de blanc au pinceau.

1265 SIMON VOUET. Sainte Famille. — A la pierre d'Italie.

1266 WEIROTTER. Joli paysage avec figures; une rivière et un pont. — Dessin lavé au bistre.

1267 *Inconnu*. Un portrait. — Dessin à l'encre de Chine.

1268 P.-P. PRUD'HON. Jolie composition. — A la pierre noire.

1269 *Idem*. Autre composition très jolie. — Lavée à l'encre de Chine.

1270 J. COUSIN. Belle Étude. — Au pinceau, lavée à l'encre de Chine.

1271 FRANCISQUE MILLET. Riche composition. — Lavée à l'encre de Chine.

1272 E. LESUEUR. Belle Étude. — A la pierre d'Italie, légèrement relevée de blanc.

1273 DAN. DUMOUSTIER. Portrait d'homme. — Aux trois crayons.

1274 LOUIS GALLOCHE. Bon dessin. — Lavé à l'encre de Chine.

1275 J. JOUVENET. Latone poursuivie par des paysans. — Dessin lavé à l'encre de Chine et légèrement relevé de blanc.

1276 CH. NATOIRE. Sujet mythologique. — A la plume, lavé à l'encre.

1277 C. AND. VANLOO. Beau dessin. — A la plume, lavé au bistre et relevé de blanc.

1278 ANONYME. Trois dessins sur la même feuille.

1279 ET. DE LAULNE. La destruction de Jérusalem. — Dessin à la plume, légèrement lavé.

1280 J. JOUVENET. L'Adoration du Serpent d'airain. — Esquisse d'une riche composition, à la craie noire, sur papier bleu.

1281 *Attribué à l'école française*, mais plutôt de P. LONGHI, de l'école italienne. — Une mascarade au bord de l'eau. — Dessin au crayon rouge.

1282 ANT. WATTEAU. Trois dessins sur une feuille. — Au crayon rouge.

1283 E. LESUEUR. Superbe composition. — A la pierre d'Italie, sur papier jaunâtre.

1284 ANT. WATTEAU. Jeune garçon jouant du flageolet. — Dessin au crayon noir, un peu relevé de blanc.

1285 J. JOUVENET, *le Jeune*. Bon dessin. — Au crayon rouge.

1286 ÉT. DE LAULNE. Sujet mythologique. — Au pinceau, légèrement relevé de blanc. — Dessin fini et très précieux.

1287 E. LESUEUR. Beau dessin à la plume. — Lavé de bistre.

1288 ANT. WATTEAU. Jeune garçon tenant en mains un pot et un verre. — Au crayon noir.

1289 ANONYME. Allégorie. — Dessin composé pour un plafond. — A la craie noire.

1290 SÉB. BOURDON. Dieu apparaissant à Moïse dans le buisson ardent. — Dessin au pinceau, lavé de bistre brun, relevé de blanc.

1291 THOMAS BLANCHET. Beau dessin. — A la plume, lavé au bistre.

1292 E. LESUEUR. Sujet mythologique, composé pour un plafond. — Au crayon rouge.

1293 *Idem*. Une réunion de moines. — Dessin à la pierre d'Italie.

1294 P. MIGNARD. Ascension d'une sainte. — A la pierre noire, relevé de blanc.

1295 J. AVED. Un prêtre dans son fauteuil. — Joli dessin, lavé à l'encre.

1296 P.-C. TREMOLLIÈRE. Joli dessin. — A la pierre d'Italie, rehaussé de blanc, sur papier fond brun.

1297 C.-A. VANLOO. Composition aux crayons noir et rouge.

1298 PAJOU. Une frise. — Lavée au bistre.

1299 J.-M. MOREAU. Les enfants à l'étude. — Dessin à la mine de plomb.

1300 J.-G. DROUAIS. Femmes en pleurs. — Dessin à la plume et au lavis d'encre noire.

1301 J.-B. GREUZE. Beau dessin de sa grande manière. — Lavé à l'encre.

1302 MOITTE. Bacchanale. — Riche composition. — Au pinceau, relevée de blanc, sur papier à fond bleu.

1303 MARTIN FREMINET. Moïse et le Serpent d'airain. — A la plume et au bistre.

1304 ANT. CARON. La Charité. — Composition exécutée à l'encre, relevée de blanc.

1305 JEAN RABEL. Bon dessin. — A la plume et au bistre.

1306 F. PERRIER. Adoration des bergers.—A la plume, lavé à l'encre et relevé de blanc.

1307 C.-ALP. DUFRESNOY. Le Christ mourant entre les bras de son père. — Dessin lavé à l'encre de Chine et estompé.

1308 SIMON VOUET. Ascension de la Vierge. — Dessin très fini à la sanguine; belle composition.

1309 EDME BOUCHARDON. Trois dessins. — Au crayon rouge.

1310 HUBERT ROBERT. Vue d'un palais et de jardins dans la campagne de Rome. — Dessin au crayon rouge.

1311 CHARLES PARROCEL. Halte de cavaliers. — A la plume et au bistre.

1312 JOSEPH VERNET. Deux marines.
1313 MOYSE VALENTIN. Dessin précieux. — A la plume et au lavis d'encre.
1314 NICOLAS POUSSIN. Carton pour un tableau — A la craie noire.
1315 *Idem.* Grand paysage, orné de figures. — A la plume et au bistre.
1316 NICOLAS MIGNARD. L'enlèvement d'Europe. — Dessin à la plume et au bistre.
1317 *Divers.* Dix dessins sur la même feuille; plusieurs sont de *Nicolas Poussin.*
1318 *Trois dessins* sur la même feuille.
1319 NICOLAS POUSSIN. Jésus et la Samaritaine. — Dessin au pinceau, lavé à l'encre noire.
1320 *Idem.* Trois dessins sur la même feuille.
1321 *Idem.* Études diverses. — Au crayon noir.
1322 *Idem.* Trois dessins sur la même feuille.
1323 *Idem.* Joli paysage orné de figures. — A la plume et au bistre.
1324 *Idem.* Contre-épreuve d'un dessin non-terminé, que *Poussin* a retouchée de sa main. — Collection Mariette et autres.
1325 *Idem.* Le frappement du rocher. — Riche composition au pinceau, lavée de bistre.
1326 *Idem.* Jeux d'enfants. — Au trait de plume.
1327 *Idem.* Jolie composition. — A la plume, lavé à l'encre de Chine.
1328 *Idem.* La mort de Lucrèce.
1329 *Idem.* (*Attribué à*). Dessin lavé à l'encre de Chine.
1330 *Idem.* (*Idem.*) Allégorie. — A la plume et au bistre.
1331 SARRASIN. Paysage. — Lavé à l'encre noire.
1332 F.-E. WEIROTTER. Paysage avec figures, etc. — A la plume et au lavis de bistre.

1333 ISRAEL SYLVESTRE. Vue d'une haute colline. Monuments et figures. — Dessin à la plume et au lavis d'encre.

1334 FRANÇOIS SYLVESTRE. Paysage. — Au crayon rouge.

1335 LALLEMAND. Vue prise au bord de la mer. Bâtiments et figures. — Dessin à la pierre d'Italie, légèrement lavé.

1336 ALB. FLAMEN. Trois dessins sur une feuille. — A la plume et lavés.

1337 OZANNE. Deux marines. — A l'encre de Chine.

1338 JEAN FOREST. La fuite en Égypte. — A la grosse plume.

1339 FRANCISQUE MILLET. Joli petit paysage, avec figures et bâtiments. — Dessin lavé à l'encre de Chine.

1340 ÉTIENNE ALLEGRAIN. Paysage avec ruines, traité dans le style de Claude Lorrain. — Lavé à l'encre.

1341 J.-B. OUDRY. Paysage avec fabriques. — Au crayon noir, relevé de blanc.

1342 *Idem.* Très belle étude d'arbres. — Au crayon noir, relevé de blanc.

1343 F. OUDRY. Un chien en arrêt. — Dessin au crayon rouge, relevé de blanc, sur papier bleu.

1344 G. PERELLE. Joli paysage, avec figures et fabriques. — A la fine plume, un peu lavé au bistre.

1345 P. SUBLEYRAS. Étude pour son tableau *le Repas chez le Pharisien.* — A la pierre d'Italie.

1346 G. COUSTOU. Étude de statuaire. — Au crayon rouge.

1347 CLAUDE MELLAN. Allégorie. — Lavé à l'encre de Chine.

1348 ANT. WATTEAU. Six dessins. — Diversement traités.

1349 P. PATEL père. Joli paysage, dans le style de Claude Lorrain. — A la pierre d'Italie, sur papier fond gris.

1350 GASPARD POUSSIN. Paysage. — Lavé à la pierre d'Italie.

1351 J.-B. MONOYER. Deux études de fleurs. — A la plume et au lavis.

1352 J.-F. CASANOVA. Effet de nuit, avec figures et animaux. — A l'encre de Chine, rehaussé de blanc.

1353 CH. NATOIRE. Paysage pastoral; dans le lointain, une fabrique. — Dessin à la craie noire, relevé de blanc.

1354 F. DESPORTES. Étude de chien. — Au crayon rouge.

1355 BLONDEL. Une belle ruine. — Dessin à la plume et au lavis de bistre.

1356 LESUEUR. Plusieurs animaux dans la campagne. — Joli dessin, à la plume et lavé d'encre.

1357 CLAUDE GELÉE (dit *le Lorrain*). Paysage. — A la plume, lavé de pierre d'Italie.

1358 *Idem*. Un port de mer, avec bâtiments et fabriques. Lavé à la pierre noire.

1359 WATELET. Paysage. — Lavé en couleurs.

1360 LANTARA. Trois jolis petits paysages.

1361 NICOLAS BERTIN. Étude pour la Cène. — Au crayon rouge.

1362 L. LEPAON. Marche et halte de cavaliers dans un village. — Dessin à la plume, très bien lavé à l'encre.

1363 L.-F. DELARUE. Choc de cavalerie. — A la plume et lavé au bistre.

1364 DESFRICHES. Paysage orné de figures, etc. — Dessin à la craie noire et estompé.

1365 J. DE BOISSIEU. Paysage. — Lavé à l'encre de Chine.

1366 **P.-J. LOUTHERBOURG.** Colonne surmontée d'une croix, au pied de laquelle sont en prière saint Jacques et d'autres personnages. — A la plume et lavé.

1367 **SÉB. LECLERC** et **P. DE SÈVE.** Trois jolis petits dessins sur une feuille.

1368 **CL. BOUSSON STELLA.** Dessin qui a servi pour une grande et belle composition exécutée par Nicolas Poussin. — A la sanguine.

1369 **J.-B. LALLEMAND.** Vue d'une basse-cour, avec figures et animaux. — Dessin à la plume, lavé à l'encre de Chine.

1370 **LAURENT DE LA HIRE.** Étude d'enfants dans des attitudes diverses. — A la plume et au lavis.

1371 **JACQUES COURTOIS** (dit *le Bourguignon*). Une bataille. — Dessin à la pierre d'Italie, très énergiquement composé et exécuté.

TABLE GÉNÉRALE

ALPHABÉTIQUE.

Les chiffres renvoient aux numéros des pages du Catalogue.

ÉCOLE ITALIENNE.	Pages 1
— ALLEMANDE.	40
— FLAMANDE.	44
— HOLLANDAISE.	58
— ESPAGNOLE.	77
— FRANÇAISE.	80

A

Agresti (Livio).	11
Aken (J. van).	42, 72
Albani (Franç).	7, 18, 34, 35
Alberti (Cherubino).	28
Aldegrever (H.).	41
Aldrovandini.	22
Algardi (A. l').	31
Allegrain (Etienne).	90
Allegri (Ant.) le Corrège.	25, 32
Allegrini (Francesco).	22
Allori (Ph. Ang.).	4, 6, 15, 16, 26
Altobello.	2
Andrea del Sarto.	3, 13, 31
Ansaldo (And.)	18
Anselme (Michel).	14
Antonello de Messine.	1
Appiani (And.).	27
Aquila (Pietro).	30
Arpino (le cav. d').	9, 28
Artois (J. Van).	48, 49, 51
Asselyn (J.).	58, 70
Asensio.	78
Audenaerd (Rob. Van).	57
Augustin Vénitien.	22, 29
Aved (J.).	88
Avond (P. van den).	55, 57

B

Backhuysen (Lud.).	58, 76
Badaloccio.	19
Badile (Ant.).	21
Bagnacavallo (B.).	2, 19
Baglione.	27
Balen (H. van).	50, 54
Bandinelli-Baccio.	3, 22, 27
Barbatello (Bernard).	24
Barent-Gaal.	75
Bargas.	68
Barroccio (Fred.).	3, 39
Bartolomeo (Fra).	9, 14
Bassetti (Marc-Antoine).	18
Battoni (Pompée).	28, 29
Bauer (Willem).	43
Bauer (J.-G).	41
Beccafumi (Dom.).	37
Bega (Corn.).	58,66
Beirenstraten (A. van).	74
Bella (Della).	29
Bellin (Jean).	6
Bembo (Boniface).	8
Ben-Lutti.	35
Benvenuto-Cellini.	4, 21
Berckheyden (J.).	64
Berghem (Nic.).	58, 59, 72

Bernini.	30, 33	**C**	
Berrera (F.).	78		
Berlin (Nic.).	91	Cabel (Ad. Van der).	72
Bibiena (Ferd.).	30	Calandruci (Hyacinthe).	27
Biliverti (J.).	24	Caliari (Carlo).	17
Bink (J.).	41	Caliari (Benedetto).	17
Blanchard.	83	Callot (Jacques).	82
Blanchet (Thomas).	87	Calvart (Denis).	26, 31
Bloemen (P. van).	49	Cambiasi (Giov.).	22
Bloemen (Norbert van).	56	Cambiaso (Lucas).	15
Bloemaert (Ab.)	59, 63, 68, 77	Camiti (Dom.).	27
Blondel.	91	Campagnola (Dom.)	11
Boissieu (J.-J. de).	85, 91	Campen (Van) dit le Muet.	69
Bol (Ferd.).	64	Canaletti (Ant.).	8, 22
Bol (J.).	48	Cano (Alonzo).	78
Bolognèse (Domenico).	3	Canuti (Dom.).	27
Bolten (R. van).	50	Cappelle (Van de).	73
Bonasone (Giulio).	20	Caraccioli (Gio.-Batista).	20
Bonvicini.	24	Cardi (Lud.) le Cigolo.	11, 29
Bon Boulongne.	82, 84	Carduccho (Vincent).	78
Bonnington.	43	Caron (Antoine).	88
Bordone (Paris).	11	Carrache (Annibal).	4, 5, 10, 14, 17
Borgiani (Horace).	22		20, 23, 27, 34
Bos (Jérôme).	52, 54	Carrache (Aug.).	5, 18, 23, 26, 39
Boschi (Francesco).	18	Carrache (Louis).	9, 10, 20, 34, 39
Both (André).	58, 64, 65, 67, 70	Carravaggio (Polydorio).	30
Both (J.).	58, 64, 70	Carré (Michel).	72
Boticelli.	10	Carucci (Jacopo).	3
Bouchardon (Edme.).	88	Casanova (J.-F.).	91
Boucher (Fr.).	82, 83, 84, 85	Casenbroodt (A.).	74
Boudewyns.	52	Casolani (Al.).	32
Bourdon (Séb.).	82, 85, 87	Castagno (And. del).	36
Boulongne (Louis).	84	Castello (Félix).	78
Bout (P.).	49, 51, 52, 54	Castiglione (Ben).	6, 8, 13, 15, 21
Bouys (André).	83	Castillo (J. de).	78
Brakenburg (Rénier).	77	Castillo (Aug. de).	78
Brakenburg (Rich.).	72	Cavedone (Jacopo).	36
Bramer (L.).	64	Cazes (J.-B.).	85
Brandi (Dom.)	9	Cerquozzi.	39
Brauwer (Ad.).	55, 57, 58	Cerri (Bernard).	35
Breemberg (Barth.).	65, 67, 71	Cespedès (Paul de).	79
Breughel (Pierre).	48	Champaigne (Ph. de).	50, 55, 58
Breughel (Jean).	48, 50	Chancourtois.	84
Breughel (d'Enfer).	49	Chauveau (Frans.).	85
Breughel (de Velours).	49	Chiari.	39
Bril (Paul).	48, 50	Chimonti (Jac.).	18, 20, 29
Bril (M.).	48	Chodowicki.	41
Brink (J.).	41	Cignani (Carlo).	38
Brizio (Francesco).	34	Cignani (Gio.-Batista).	2
Brosamer (Hans).	41	Cima (Gio.-Batista).	2
Bruggen (H. van der).	56	Circignani (Nic.) le Pomeran-	
Brussel (Herm. van).	72	cio.	17, 19
Bugiardini (Giuliano).	2	Claude.	85
Bugiardini (Guliano).	2	Cleef (H. Van).	47
Buonaroti (Michel-Ange).	3, 10, 16	Clotz (Valentin).	67
Buontalenti (Bernardo).	19	Clouet (dit Janet).	85
		Clovio (Giulo).	22

— 95 —

Coello (Claudio).	78
Collantes (Fr.).	78
Colin de Vermont.	84
Compagno-Scipio.	37
Compiglia (G.-Dom.).	30
Connixloo (Gilles Van).	47
Conti (Dom.).	26
Corneille (Michel).	82, 84
Corradi (Dom.).	16, 27
Correnzio (Bélisario).	10
Cort (Corn.).	77
Corti (Valerio).	7
Coques (Gonzalès).	55, 58
Coste (J.-B.).	82
Courtois (J.) le Bourguignon.	82, 92
Cousin (Jean).	84, 86
Coustou (G.).	90
Coxie (Raph. Van).	50, 52
Coypel (Noël).	86
Crabeth (Thierry).	68, 69
Crasbeke (Joseph).	57
Cranach (Lucas).	42
Crespi (Daniel).	12, 35
Cresti (Domenico).	7
Creti Donato.	4
Cungi (Léonardo).	11
Curty (Francesco).	35
Cutbert.	42
Cuyp (Albert).	59, 67, 68, 69

D

Dalens (Thierry).	72
Dante-Girolamo.	5
Daniel de Volterre.	12, 20
Daniel (Cav.).	13
De Crayer (Gasp.).	50, 54
De Heusch (G.).	67
Deharue (L.-F.).	91
Del Sole (J.-J.).	33
Demarne (L.).	49
Desportes (F.).	91
Desfriches.	91
De Sève (P.).	92
De Vries (J.-F.).	66
Diepenbeek (Ab. Van).	55, 57
Dietricy.	40, 43, 44
Dees (Simon Van der).	61, 71
Domer.	73
Donatello.	14
Dosso-Dossi.	11
Doudyns (G.).	63
Drevet.	82
Drouais (J.-G.).	88
Du Bois (E.).	84
Dufrenoy (G.-A.).	83, 88
Dugoure (J.-D.).	82

Dujardin (Karel).	59, 75
Dumoustier (Dan.).	86
Duquesnoy (Franç.).	55, 57
Durer (Albert).	41
Dusart (Corn.).	59, 66
Dyck (Ant. Van).	46, 47, 56

E

Eckhout (G. Van den).	63, 65, 75
Elburg (J. van).	52
Elshamer.	44
Ermels (J.-F.).	43
Esselens (J.).	76
Everdingen (A. Van).	71

F

Fabiani.	20
Faithorne (William).	43
Falens (Chev. Van).	56
Faromati (Paul).	8, 23, 31
Fasalo (J.-A.).	33
Fassin (Chevalier de).	52
Favarone (Lazaro).	8
Ferg. Frans.	77
Ferrari da Reggio (Lucas).	27
Fiori (Fréd.).	2
Fiorini (J.-B.).	36
Flamen (Alb.).	99
Flemal (Bartholet).	56, 57
Flinck (G.).	60
Fontana (Livinio).	36
Forest (Jean).	90
Fouquières (J.).	48
Francesco de Maria.	28
Franceschini (M.-A.).	20, 29
Francisque Milet.	51
Franck Floris.	50, 53
Franck (Seb.).	48
Franco (Gio.-Batista).	9, 20, 23, 38
Francucci (Innocenzo).	29
Franquart (J.).	50
Freminet (Martin).	88
Fruytiers (Ph.).	54
Fuentès (J.-C.).	78
Fulio (Giovanni).	37
Furchi (Al.).	31
Fyt (J.).	49, 51

G

Galloche (Louis).	86
Garofalo (Ben.).	4
Geldeer (Arthur de).	65
Gelée (Claude le Lorrain).	81, 91
Gemignani (Louis).	15

Genga (Jérôme). 15, 26
Genoels (A.). 49, 51
Gherardini (Alessandro) 17
Ghidolfi (J.). 23, 33
Giacomo del Po. 30
Gimignani (H.). 33
Giordano (Luca). 25, 32, 37
Giorgione (Le). 6, 14, 38, 39
Girodet-Trioson. 83
Girolamo, de Trévise. 36
Girolamo-Caccia. 37
Girolamo-Bonini. 38
Goltzius (H.). 63
Goyen (Van). 66, 69
Granacci (Francesco). 2
Grave (J. de) 76
Grenze (J.-B.). 88
Griffier (J.). 75
Grigolini. 36
Grimaldi. 5, 26
Guardi (François). 20, 30
Guerchin. 9, 13, 14, 21, 31, 39, 40
Guido Reni. 4, 5, 10, 12, 15, 16, 19, 23, 39
Guillaume (dit Le) 85

H

Haag (J.-C.). 74
Hagen (J. Van der). 68, 73
Heere (Lucas de). 53
Hemskerken (E. Van). 68
Hennequin (P.-A.). 83
Herrera (F.) 80
Heusch (G. de). 76
Heyden (Van der). 76
Hobbema (M.). 62
Hoek (J. van). 55
Holbein (Hans). 41
Horremans (J.). 56
Hooghe (P. de). 64
Houbraken (A.). 63
Huchtenburg (J. Van). 72
Huysmans (C.). 51
Huysum (Jean Van). 60, 67, 73

I

Inconnus, divers, anonymes, 17, 23, 29, 31, 33, 34, 35, 37, 38, 86, 87
Ingen (G. Van). 66
Ingoli (Matteo). 20

J

Jacopo da Parma. 32
Jacopo da Ponte (le Bassan). 12, 30, 39

Janssens (Vict.-Hon.). 56, 57
Jean de Joanes. 79
Jean de la Roclas. 79
Jean d'Udine. 14, 21, 37
Jérôme Dentone, dit le Curti. 36
Jéronimo-Impérato. 37
Jode (P. de). 53
Jordaens (J.). 50, 54
Jouvenel (Paul). 43
Jouvenet (Jean). 86, 87
Jules d'Angelo. 12
Jules Romain. 3, 10, 16, 22, 39

K

Kalcker (J.). 44
Kaufmann (Angélica). 41
Kessel (J. Van). 67, 73
Kobell (J.). 72
Koning (David). 61
Koning (Ph.). 64, 75
Krauz (G.-M.). 43

L

Laar (P. de). 67
Lafargue (Ch.). 63
Lafosse (Ch.). 82, 83
Lagrenée, le Jeune. 88
Lairesse (Gérard de). 49, 56
Lallemand (J.-B.). 90, 92
Lanen (J. Van der). 61
Lantara (M.). 85, 91
Lastman (P.). 68
Lattenzio-Gambaro. 5
Laulne (Etienne de). 84, 86, 87
Laurati (Tomaso). 14
Laurenzo-Ferrari. 38
Laurent de Lahire. 92
Lauri (Ph.). 30
Lauro (Jacopo). 7
Lebrun (Ch.). 83, 84
Leclercq (J.). 68
Leclerc (Séb.). 92
Lefebvre (Val.). 57
Lelio-Orsi. 32, 37
Lely (P.). 65
Lemoine (F.). 83
Léonard de Vinci. 14, 16, 29
Léon de Borgenone. 30
Lepaon. 82, 91
Lepautre (J.). 85
Leprince. 85
Lesueur (E.). 83, 84, 85, 86, 87, 91
Leyde (Lucas de) 41, 59, 63
Lievens (J.). 62, 70
Ligorio (Pirro). 11

Ligozzi (Jacopo).	6, 11, 17	Montfort (A. van).	63
Lingelbach (L.).	76	Monoyer (J.-B.).	91
Lippi (Felippo).	9	Moralès (Louis de).	79
Locatelli (Ant.).	8	Moreau (J.-M.)	88
Loir (Nic.).	80	Morelli (Franç.).	27
Loon (Théod. Van).	57	Morandi (J.-M.).	27
Longhi (P.).	87	Mostaert (Gilles).	54
Lorenzetti (Ambrosio).	2	Motta (Raphaël).	3
Lotti (Carlo).	11	Moucheron (J.).	61, 74
Loutherbourg (P.-J.)	92	Moyaert (Nic.).	65
Luycken (J.).	94	Mutien (Jérôme).	5, 24
		Munari (César).	25
M		Murillo (B.-E.).	77
Maitre de 1466 (le).	42		
Maes (Godfroid).	56	**N**	
Maes (Nic.).	66	Naldini (Battista).	18, 35
Maes (Thierry).	73	Napolitain (Philippe).	5, 35
Manozzi-Giovanni.	4, 7	Natoire (Ch.).	86, 91
Mantegna (Andréa).	9, 20	Nebbia (Carlo).	38
Manfredi (Bart.).	9, 33	Nebbia (César).	5
Maratte (Carle).	15, 24, 28	Neer (Arthur Van der).	59, 62, 67
Marco Bonefial.	34	Neer (J. Van der).	73
Mariotto Albertinelli.	2, 14, 33	Netscher (Gaspard).	63, 66
Marchesi (Girolamo).	8	Neyts (Gilles).	74, 75
Masaccio.	1	Nicolo del Abate.	32
Mateis (Paolo).	32		
Mateis (Paul de).	4	**O**	
Mathan (J.).	68		
Maturino de Florence.	3, 27, 29, 36	Oeser (Fred.).	44
Mazucchelli (P.-F.).	35, 37	Ommeganck (B. P.).	52
Maubeuge (Jean de).	52	Oort (Lambert Van).	53
Mayer (Félix).	43	Orente (Pedro).	80
Mazuoli (Joseph).	36	Orley (Bern. Van).	50, 52, 56
Mellan (Claude).	90	Ortolano (L.).	16
Melchior-Lorch.	42	Os (Van).	73, 76
Metsys (Corn.).	48	Ossenbeek (J.).	65
Metsys (Quintin).	52	Ostade (Adrien Van).	60, 65
Metzu (Gab.).	64	Ostade (Isaac Van)	60, 62, 63, 70
Meulen (Van der).	49, 51, 56, 57	Otto-Venius.	53
Meyerink (Albert).	75	Oudry (J.-B.).	83, 85, 90
Meyer (H.).	77	Oudry (François).	90
Michel Colonna (Arg.).	35	Ovens.	64
Miel (J.).	49, 51, 54	Overlaet (A.).	56
Micris (Guill. van).	66	Ozanne.	90
Mignard (Pierre).	81, 84, 87, 89		
Millet (Francisque).	86, 90	**P**	
Minzocchi (Francesco).	21, 39	Pacchiarotto (Giacomo).	18
Micris (Frans).	63, 64	Pacheco (Ch.).	78
Mol (Pierre van).	54	Paladini (Ph.).	24, 37
Mola (P.-F.).	28, 29	Palme (Jacques) le Vieux.	14, 20
Molenaer (J.-M.).	59, 72	Palme le Jeune.	15, 17, 35
Moitte.	88	Palmieri.	35
Molyn (P.).	67, 76	Pasinelli (Lorenzo).	34, 35, 38
Mommers (H.).	75	Panini (J.-P.-F.).	9, 14, 22, 26
Mompre (J.).	48, 51	Parmegianino.	4, 6, 13, 16, 19, 20
Montelatici.	13		32, 39, 40

Parentano (Bernardo).	2	Rademaker (A.).	62
Passignani (D.).	4	Raibolini (Franc. dit Francia).	31
Pacheco (Christophe).	78	Raimondi (Marc-Antoine).	26
Pajou.	88	Raphaël del Garbo.	2, 16, 22
Parcelles (J.).	66	Raphaël-Mengs.	34, 42
Parrocel (Ch.).	88	Raphaël (Sanzio).	4, 10, 13, 20
Patel (Pierre).	81, 91	Razzi (Antonio, dit le Sodome).	35
Pecchi (Georgio).	28	Razzi (J.-A.).	25
Pencz (George).	42	Rembrandt.	61, 68, 69
Penni (Luca).	28, 31	Restout père.	83, 84
Penni (Gio.-Franc.).	3, 7, 19	Ribera (Jos.).	79, 80
Pereda (Ant. de).	78	Riccio (Félix).	6, 18
Perelle (G.).	82, 90	Ricci (J.-B.).	28
Perrier (F.).	88	Ricci (Séb.).	37
Perino del Vaga.	3, 16, 18, 34	Ridolfi (Carlo).	18, 26
Peruzzi (Balthasar) de Sienne.	31, 39	Riedinger (J.).	42, 43
Perugino (Pietro).	2	Rietschoff (J. N.).	60, 73
Peselli-Pesello (Francesco).	1	Rivaltz (Ant.).	82, 84
Picard (Bern.).	66	Robbia (Luca della).	36
Picchi (Giorgio).	31	Robert (Hubert).	88
Pieters (Bon.).	48, 51	Rode (J.).	62, 64
Pietro della Francesca.	1	Rogman (Rolland).	60, 69
Pietro di Cosimo.	2	Romanelli (G.-F.).	28, 39
Pietro-Testa.	34	Rombouts (Théod.).	54
Pietro de Pietri.	8	Romyn (G. Van).	75
Pietre de Cortone.	10, 11, 24	Roncali (Christofano).	7
Pinturricchio (Bern.).	2, 7	Roos (J.-H.).	40, 44
Piranesi (J.-B.).	30	Roos (Ph.).	40, 44
Pittoni (Battista).	13	Rosa (Christophe).	17
Plumier.	57	Rosa (Salvator).	9, 33, 37
Poelenburg (Corn.)	69	Rosso.	3
Pollaiolo (Antonio).	1	Rota (Martin).	17
Pomerancio (Ant.).	36, 38	Rottenhamer le Vieux.	41, 42
Pontormo (Jacopo).	3, 33	Rubens (P.-P.)	44, 45, 46
Pordenone (Le).	11, 14, 24	Ruggieri (Jérôme).	4
Porta (Guil.).	16	Ruggieri (J.-B.).	33
Porta (Joseph).	38	Ruggieri-Ruggiero.	6
Potter (Paul).	59, 62	Ruschi (Francesco).	11
Poussin (Nicolas).	80, 81, 84, 89	Ruviale (Francesco).	39
Poussin (Gaspard).	81, 91	Ruysdaël (Jacques).	75
Preti (Mathia) le Calabrèse.	10, 37	Ruysdaël (Salomon).	75, 76
Procaccini (Camille).	32, 36, 37, 38	Ryckart (D.)	50, 57
Procaccini (Jules-César).	12		
Procaccini (Ercole).	12, 37	**S**	
Pronck (C.).	77		
Prudhon (P.-P.).	86	Sabadini (Lorenzo).	6
Primatice (Le).	16, 26	Sacchi (André).	3, 19
Puget (P.).	84	Sadeler (Raphaël).	53
Pynacker (Ad.).	67, 72	Saftleven (Corn.).	61, 64, 70
		Saftleven (Hermann).	67
Q		Salimbeni (Archangelo).	11, 25
		Salimbeni (Ventura).	32
Quillin (Arthur).	57	Salviati (Francesco).	6, 19, 22, 25
Quillin (Erasme).	55, 56	Santi (Domenico).	27
		Santi di Fitto.	19
R		Santo-Peranda.	7
Rabel (Jean).	88	Sandrart (J.).	43

Saint-Hilaire. 85
Saracino (Carlo). 36
Sarrasin. 89
Sasso-Ferrato. 7, 23
Savary (R.). 50
Scarsella (Sigismond). 18
Schalke (F. Van). 74
Schellinge (G.). 67, 69, 73, 75
Schiavone (And.). 7
Schidone (B.). 16, 25
Schoengauer (Martin). 42
Schoonveld (J.-H.). 41
Schorel (J.). 66
Schotel (J.-G.). 60
Schouman (A.). 63
Schultz (Daniel). 43
Schut (Corn.). 49, 54, 57
Sciaminozzi (Raphaël). 18, 36
Sébastien del Piombo. 13, 14, 25
Semini (Antonio). 33
Sibrecht. 53
Signorelli (Lucas). 14
Sirani (Elis). 19
Slingeland (P. Van). 65
Smutzer. 42
Sneyders (Franc). 51, 54
Solimène (F.). 6
Solis (F.). 78
Souabe (Ecole de). 42
Soutman (P.). 49
Spranger (Barth.). 53
Squarcione (Francesco). 21
Steen (Jean). 64, 65, 66
Stella (Cl. Bousson). 92
Stevens (Palamède). 65
Stimmer (Tobie). 41
Stoop (Thierry). 70
Storck (Abraham). 74
Stradan (Jean). 53
Subleyras (P.). 83, 90
Suyderhoff. 49
Swanevelt (Herman). 69, 70
Sylvestre (François). 90
Sylvestre (Israel). 90
Sylvestre (Louis). 83

T

Tangé (P.). 77
Tassart (J.-P.). 56
Tempel (A. Van der). 68
Tempesta (Ant.). 28
Téniers (David), le Jeune. 55, 57
Terburg (G.). 64
Thièle (J.-F.-A.) 40
Thier (B.-H.). 72, 77
Thorwaldsen. 40

Thulden (Théod. Van). 58
Thyssens (P.). 56
Tiepolo (Dom.). 23
Tiepolo (J.-B.). 12, 23
Tilburg (G. Van). 51
Timoteo della Vitte. 13, 15, 16
Tintoretto (Jacopo). 8, 9, 10, 20, 24, 33, 35
Tisio (Benvenuto). 2
Tiziano-Vecelli. 5, 8, 11, 21, 22, 23, 32
Torbido (F.), del Moro. 5
Torregiano. 2
Toto del Nunziata. 3
Tremollière (P. C.). 88
Trevisani (Francesco). 23
Tribolo. 29
Trotti (J.-B.). 32

U

Uden (Luc. Van). 48, 51
Ulft (F. Van der). 74, 77
Uyl (Den.). 74

V

Vaccaro (And.). 10
Vaillant (Bernard). 49
Valentin (Moyse). 89
Vanloo (C.-And.). 86, 88
Vanni (Francesco). 12, 32
Vanni (Raphaël). 25
Vargas (Louis de). 79
Vasari (Giorgio). 19, 25, 29
Vasilacchi (Ant.). 8
Vecelli (Horatio). 30
Vecelli (Marco). 24, 30
Velasquez (D. Diégo). 78
Velde (Adrien Van de). 61, 67, 68, 75
Velde (Guil. Van de). 60, 61, 75, 76
Velde (E. Van de). 69
Verboom (A.). 74
Verdussen (J.-P.). 85
Verman. 75
Vernet (Joseph). 89
Véronèse (Paul) Caliari. 4, 19, 21, 23
Verreke (J.). 48
Verryck (Thomas). 77
Verschuring (G.-H.). 60, 66
Vighi (Jacopo). 24
Villamena. 27
Vinckenbooms (David). 48, 51
Vitringa (W.). 73
Viviani (Ottavio). 8
Vlieger (Simon de). 59, 71
Vocriot (P.). 85
Vos (Corneille de). 53

Vos (M. de).	50, 53	Wilson (Richard).	43
Vos (Simon de).	53	Witte (J. de).	72, 77
Vouet (Simon).	84, 86, 88	Wolgemuth (M.).	42
Vroom (H.-C.).	69	Wouvermans (Ph.).	60, 61, 67, 71
		Wyck (Th. et J.)	63, 71
		Wynants (Th. et J.).	62, 69

W

Wadder (L. de).	48
Wael (Luc. de).	54
Wagner	42
Wallarant-Vaillant.	49
Watelet.	91
Waterloo (Ant.).	71
Watteau (Ant.).	82, 87, 90
Weeninx (J.).	65, 71, 74
Weirotter (F.-E.).	86, 89
Werf (Ad. Van der).	66
Werner (Jos.).	41
Wierd (Adam de.).	53
Wieringen (C. Van).	69
Wildens (J.).	48, 51
Wilhem (de Cologne).	42
Willeborts (Thomas).	54

X

Xavery (J.).	77

Z

Zampieri (Domenico) le Dominiquin.	5, 12, 15, 16, 25, 27, 33
Zeeman (Renier).	71
Zelotti (Batista).	6
Zuccarelli (Franc.).	7
Zuccaro (Fred.).	15, 17, 28
Zuccaro (Thaddeo.).	15, 28, 34
Zucci (J.).	33
Zurbaran (F.).	78, 79
Zwarts (Christophe).	41

Paris. — Imprimerie DUBUISSON et Cᵉ, rue Coq-Héron, 8.

www.ingramcontent.com/pod-product-compliance
Lightning Source LLC
Chambersburg PA
CBHW070303230526
45470CB00002B/707